TWENTIETH CENTURY FRENCH TEXTS

Founder Editor: W.J. STRACHAN, M.A. (1959–78)
General Editor: J.E. FLOWER

TWENTIETH CENTURY TEXTS

Jean-Paul Sartre

LES MAINS SALES

Edited by
W.D. Redfern, M.A., Ph.D.

Professor of French, University of Reading

London

ACKNOWLEDGEMENT

The editor and publishers are grateful to Librairie Gallimard for permission to reproduce the text in this edition.

INTRODUCTION

How unlike the workaday life of our dear Parliament, the reader of *Les Mains sales* might muse. It was not always thus. Our Parliament once beheaded our monarch. And today surely nobody believes that politics, anywhere or at any time, can be conducted (to use Arthur Koestler's sarcastic analogy) according to the rules of cricket. Besides, cricket itself is the most machiavellian of games. George Orwell once wrote: 'On the Continent, during this century, things have been happening to the bourgeoisie which in England do not even happen to the working-classes.'[1] We are nowadays far less insulated in fact, if not in attitude. While it is statistically likely that some readers will flinch at the prospect of a play dealing with politics at its most ruthless, *Les Mains sales* is one of a select number which holds up and commands respect. If this is so, it is partly because Sartre had the theatre, quite as much as politics, in his blood.

He tells us in his autobiographical *Les Mots* how, from an early age, he composed and performed little scenarios, especially for his mother. These were a prelude to the wider *comédie familiale* – that reciprocal con-trick of feigned emotions and attitudes – which he and his grandfather enacted. His lifelong fascination with the possibilities of the theatre ensured that he reflected deeply about its nature and function.

Les Mains sales (its English titles include *Dirty Hands,
Crime Passionnel, The Assassin* and *Red Gloves*) was
Sartre's first full-length play, written while he was a guest at
the country house of his old friend, Mme Louis Morel. Its
centre is the assassination of a professional politician,
Hoederer, at the instigation of his supposed party allies, in
Illyria, a country which is on the verge of being annexed to
the Eastern Bloc, in the closing stages of the Second World
War. After prolonged hesitation, this murder is carried out
by Hugo, a young intellectual. His procrastinations, his private neuroses, his troubled relationship with his wife,
Jessica, and his ideological dispute with Hoederer – these
elements form most of the play's substance. They are
balanced against the practical politics of Hoederer as he
manoeuvres his Communist Party towards a position of
power over liberal and reactionary elements in the coalition
combatting the German Occupation. Because he has grown
to love Hoederer, Hugo's problem is what meaning to give to
his homicidal act after the event. The problem for spectators
or readers of the whole play is, similarly, one of interpretation and evaluation. We all know what happens. Why
does it happen and what sense do we make of it as a totality?
How are we to read the facts?

HOW LES MAINS SALES WAS RECEIVED

It is ironic that this play, intricate and open-ended, should
have provoked so much misunderstanding, misuse and, on
stage, such miscasting (e.g. the suave lover-boy, Charles
Boyer, as Hoederer in the American mutilation). The first
production was a theatrical success, running from 2 April to
20 September 1948. For Sartre's permanent compa..ion,
Simone de Beauvoir, the conservative bourgeois theatre
critics waited to see the reactions of the PCF (Parti Communiste Français) and, when these were hostile, 'buried
Sartre in bouquets' (de Beauvoir 1963, 168). Sartre's subtlety
of thought was clearly not transferable to his critics or

audiences, but it was naive of him to assume that, at the height of the east–west Cold War, black-and-white demonology could have been very different. In December 1948, the Soviet authorities tried to prevent the performance of the play in Helsinki as 'propaganda hostile to the USSR'. In 1951, when the film version was shown in France, some cinemas needed police protection against specially organized communist demonstrations. Sartre himself banned the play from performance in several countries, and it was not finally put on in a socialist state until November 1968, in Prague, after the Russian intervention there. It was not performed in France between 1951 and 1976. For Verstraeten, in their reactions to the first staging, both the PCF and the Establishment reacted with pious, fake outrage, *moralisme* (Verstraeten 1972, 62).

In the 1964 Italian production, the awkward name of Illyria (recalling for some Ruritania) was dropped in favour of the specific Hungary. Indeed, as there is a fairly precise geographical and historical frame, why use a pseudonym? One answer is that Sartre always swivelled between topicality and precise landmarks on the one hand and an urge to generalize and to distance his plays away from too particularized an application on the other. Thus, his indictment of French torture in Algeria, in *Les Séquestrés d'Altona*, is set in a Nazi household in Germany. He derived from classical tragedy and from his contemporary, Brecht, a conviction that plays should set up a dramatic conflict at a distance, so that firm judgement of the issues involved is not handicapped by excessively close identification on the part of spectators. This explains why Sartre complained that his play had been turned into a political football by opposing ideological camps (Sicard 1979, 342). When *Les Mains sales* was restaged in 1976 in Paris (150 performances in that year), Sartre made no public comment. In 1978, he declared that, like *Nekrassov* and his other plays, it now belonged to the repertory, and that he no longer felt he had the right to interfere with productions. The dominant theme in *Les Séquestrés d'Altona* is 'counter-finality' – the bitter process whereby our acts produce results we neither expect nor desire. Sartre's repeated experience as a playwright was to watch his plays becoming objects out of his control.

Sartre had undergone violent attacks from the hatchet-rnen of the PCF (Kanapa, Garaudy) in the late 1940s and had been accused of intellectual fornication and of prostituting himself to the USA. While seldom pro-Moscow, Sartre was in fact consistently anti-American. He was ready to admit that he agreed with the PCF on certain clearly defined issues. Indeed in 1952 he rallied to that party with his article 'Les Communistes et la paix'. A critical fellow-traveller was how he saw himself, until the Soviet invasion of Budapest in 1956. The break became irrevocable after Russian intervention in Czechoslovakia in 1968.

In a 1964 interview, Sartre stated his limited condoning of political murder, but stressed the special context of *Les Mains sales*: a war situation and a Resistance movement, not a 'normal democratic government' (*Un Théâtre de situations*, 253). This context helped him to argue against the common anti-communist interpretation of his play. Elsewhere, Sartre explained that, in imagining Hugo, he had had in mind young friends or students of his who, while fired by genuine indignation, were impeded by their liberal education from full adherence to communist political practice. By that he meant the practice of Hoederer who, for him, had a saner outlook than Hugo (Jeanson 1964, 48–9). Indeed, if Sartre had himself been a revolutionary activist, it is of the Hoederer variety that he would prefer to have been (*Un Théâtre de situations*, 255).[2] He denied that he had written *une pièce à thèse*: a didactic play. In many interviews, he emphasized his credo that the theatre does not prove or solve anything; it raises questions, sets problems. While this is undoubtedly true, we should never rule out the loading of dice that a dramatist can arrange. Yet it remains clear that *Les Mains sales* contains several theses, and antitheses. Hugo, Hoederer, Jessica, Olga, even Louis are all, at different moments, 'right'.

SARTRE AND THE THEATRE

Sartre's mentor in the theatre was the influential producer, Charles Dullin, who set him off reading up the history of this art form and in particular the *Aesthetics* of the nineteenth-century German philosopher, Georg Hegel. This work helped to form Sartre's abiding interest in the theatre as the locus of conflict between competing rights. This politico-dramatic potential of the theatre was always what Sartre valued most in it, far above the mere renovation of theatrical forms, which could appropriately be left to lesser talents. Sartre linked Hegel's idea of the conflict of rights with the forensic theatre of Corneille: a theatre of passionate argument (*Un Théâtre de situations*, 59). In all this, Sartre viewed the stage as the place for a show-down. The stage can make the struggle between factions clearer than in everyday life. For instance, the material world, which, in Sartre's fiction and philosophy, is generally a clogging hindrance to his heroes' activities, when transferred to the stage is theatricalized into mere props. It is significant that the only positive heroism Sartre was ever able to devise for his protagonists occurs in a couple of his plays and not in his fiction. This is partly because the fiction-maker tends to dwell on causes of behaviour, whereas the playwright, for Sartre at least, focuses on purposes. Starkly put, it is the difference between determinism, with its considerable reduction of human freedom, and existentialism with its loaded gift of that freedom.

There are two main approaches to Sartre's theatre. One is to argue that, as it is obviously a theatre where ideas are uppermost, it cannot be drama proper, for the characters are being exploited as intellectual pawns pushed around a pre-established pattern of moves.[3] The other approach is to contend that, because Sartre has a flair for the dramatization of philosophical and political ideas, his drama is in fact provocative. This second approach could claim that Sartre knows how to make ideas come alive, strut, cringe, needle, explode. Sartre had several good reasons for valuing the theatre as a means of communication. He relished the comradeship of collective effort, which helped to make up for the solitude in which most other writing is carried out. He welcomed the direct impact on an audience, visible and tangible to the dramatist in a way that it can never be to the philosopher or novelist. When he was a prisoner-of-war in a German Stalag, he gained a double bonus on this score. In a nativity play he had written, set in Biblical times and called *Bariona*, Sartre's performance as Balthazar was apparently so moving that one fellow prisoner was converted to Christianity. This event shows two things: the power of theatrical illusion and, as Sartre came to recognize increasingly on growing older, the impossibility of controlling the effects of our actions on other people. *Bariona* was written as an anti-Christian play.

EXISTENTIALISM AND THE THEATRE

The starting-point of Sartre's existentialism (there are also Christian and psychoanalytic versions) is freedom. We are all born free, and any chains that we feel clamped upon us are of our own making or accepting. If we are free, we are obviously free also to misuse freedom, or to deny that it exists. In its initial form (for Sartre in the later 1950s and 1960s came to modify the philosophy by marrying to it aspects of Marxism and Freudianism), existentialism stood the Christian religion, the psychology of Freud and the political philosophy of Marx on their heads. We are not bound by any supernatural force, nor by any subconscious promptings, nor by political or economic constraints. This situation, which can sound splendid, has its drawbacks. First, our consciousness of ourselves is not a protective faculty. It is an empty receptacle. Thus we feel vulnerable to everything outside ourselves: physical objects, Nature, other people. Objects appear to have a massive reality, which we envy. We can question this but not match it. (Hence Hugo feels jealous of the very coffee-pot handled with such confidence by Hoederer.) If we are free, so are other people, and we tend to experience their freedom as a threat to ours. (This clearly makes for intensely dramatic human relationships.) It is *le regard* – the gaze – of others which principally endangers our security. (In Sartre's play set in Hell, *Huis clos*, one of the key mental tortures practised on the protagonists is to deprive them of eyelids, so that they can never close their eyes to the facts of their situation nor shut out the judging gaze of others.) To this end, Sartre recycles the classical legend of the Medusa, a fabulous creature who turned to stone all those she gazed upon. In human terms, *le regard* can turn us into passive objects, ex- or sub-human, unless of course we jump the gun and impose our condemning stare first on the other person. All human contact is competitive. Interpersonal relations are frustrating see-saws: sadism/masochism, subject/object, master/slave. No wonder Sartre's favoured area of enquiry is *le louche* – the realm of shiftiness.

A crucial existentialist concept is that of *mauvaise foi*, an eminently shifty phenomenon. Bad faith is generated by our fear of freedom. Sartre's version of freedom is extremely demanding, for it puts us in the position of having continuously to reinvent ourselves. A free life is one which is at all points provisional. We cannot take out comforting insurance policies; we can only place bets. This forward-striving doctrine allows that its challenge provokes a sense of anguish. This is our defence strategy, and has been likened to psychological tax-evasion. Bad faith is any attempt to shuffle out of responsibility, to lay the blame for our conduct on anything outside ourselves: heredity, environment, Fate, Nature or even our own bodies (which in Sartre's scheme have only a distant relationship with the mind). We are always responsible, for we are always conscious (existentialism makes no room for sleep, drunkenness or imbecility – even Hugo's stupor teeters on self-revelation). Refusal to choose is itself a form of choice: there is no opting out. Sartre views the escapism inherent in bad faith as both widespread and reprehensible. There was in him a strong puritanical streak which led him always to seek the most difficult solution, to prefer the bed of nails to the cosy confessional-box or the comfortable psychoanalyst's couch. Life for him was an unending obstacle race.

Sartre also rejected father figures, those emblems of authority: God, de Gaulle. He favoured the figure of the bastard (his own father died soon after Sartre's birth, and he liked to think of himself as an 'honorary bastard'). Such a figure is in a mid-way position: neither enmeshed in a family nor totally distinct from it. Sartre himself, as a would-be renegade to his class of origin, was in such a straddle-position: like Hugo, divorced from the bourgeoisie yet never integrated into the proletariat. This obsession with the mid-way state takes the form of an obsession with viscous substances: mud, treacle and what Sartre once called 'that ignoble marmalade'. These represent a trap. The great paradox of Sartre's work is that his philosophy of freedom should dwell so much of the time on people bogged down in a morass. Yet such tight situations make for vital theatre.

His existentialist beliefs are inherently dramatic. They encompass the dual meaning of the word 'acting': non-authentic behaviour and positive living. (These two aspects coalesce in the last scene of *Les Mains sales*, where Hugo says: 'Oui, j'ai vraiment remué le doigt. Les acteurs aussi remuent les doigts, sur les planches' (p. 183).) The goal of existentialism is to encourage our passage from the first to the second meaning. (Sartre is notorious for excelling at unmasking lies rather than constructing truthful codes of behaviour, but that is arguably the real function of the intellectual artist. Existentialism is much more freedom-from than freedom-to.) For him, we all play roles. Life is a drama in which those who choose to exercise their innate freedom improvise their own scripts, whereas those who abdicate enact a dictated scenario. Sartre's people generally act decisively only when they have little or no time for thought. What they then do is often at variance with what they have previously said they would do. This variance stems both from Sartre's essentially anarchistic view of freedom, and from his aesthetic preference for unforeseeable behaviour, his fondness for the *actes gratuits* of Dostoevsky's or Gide's heroes. A common French stand-in word for 'new' is *inédit*: literally, unpublished. It is as if life were a book or script which could be suddenly extended. We should not assume that such stress on authenticity aims at anything orthodoxly virtuous.

Sartre adds a twist. Just as Marx held that the enemies of the workers must be exploited in their turn in order to build the classless society, so Sartre believed that lies can be used in the service of truth:

> Je crois, moi, profondément que toute démystification doit être en un sens mystifiante. Ou plutôt que, devant une foule en partie mystifiée, on ne peut se confier aux seules réactions critiques de cette foule. Il faut lui fournir une contre-mystification. Et pour cela le théâtre ne doit se priver d'aucune des sorcelleries du théâtre. Exactement de la façon dont, pendant la Contre-Réforme, opéraient les Jésuites – ces Jésuites qui ont été les maîtres de nos amis les communistes.
>
> (*Un Théâtre de situations*, 77)

In the theatre, an audience can be collectively enthralled, but such magic must be used responsibly, to promote the stripping away of indoctrinated falsehoods and the opening of eyes. As well as his preference for the bastard, Sartre also favours the actor: a person whose life is in one way half-real (for he is playing a part created by someone else, and his action spawns illusions), and in another doubly real, like the theatre itself. More entrancing than daily life, the theatre enjoys the delectable ambivalence of being a spectacle in which real people enact imaginary events before our very eyes. As Sartre believes living itself to be fundamentally ambiguous, the theatre obviously magnifies and stylizes this basic fact of existence.

In her study of existentialism, Simone de Beauvoir termed it 'une morale de l'ambiguïté'. Sartre's version *is* elusive. It maintains that there are no predetermined values. Everything is a risk, and at risk. There is no blueprint, no programming, though there is conditioning, which we endorse or reject. Sartre's essay *L'Existentialisme est un humanisme* (1946) added the crucial extra dimension of public responsibility to what had initially seemed close to solipsism or anarchy. Each individual acts as a legislator for the rest of mankind: he wants for them what he wants for himself. Sartre was always conscious of the dangerous attraction of activism for the desk-bound intellectual, that is action for its own sake, 'cleansing' violence. Intellectuals have often longed (like Hugo) to exchange their pens, and their minds, for a gun or bomb. Sartre's own doctrine of commitment (*engagement*), developed around the time he wrote *Les Mains sales*, is a shaky guide to conduct. Why should people not commit themselves to fascism (or indeed to cannibalism) as justifiably as to communism or socialism? His defence was that commitment must help to promote freedom for others, and neither fascism nor cannibalism promises that.

In addition to the philosophical, psychological and sociopolitical mystifications which Sartre aimed to counteract by his plays, he sought also to dispose of what was to him the artistic falsehood of 'character', that is the construction of 'well-rounded', 'three-dimensional' types, as in traditional bourgeois plays. 'Character' is a double-duty word. It denotes a fictional or dramatic mask (a *persona*) which tries to convince us that a real human being has been constructed from words and has come to life. And it means also moral fibre, idiosyncrasy and picturesqueness in some sort of medley. Hugo has very little character in the second sense. Can he have much in the first? Hoederer is asserted, by other protagonists, to have character in the second sense of the word. How is this proved, as distinct from being claimed? *Les Mains sales* is partly about the power of words to create events (e.g. rewriting history, talking through a decision). When we describe someone as possessing a certain character we are congealing them, denying them the opportunity of future deviation and development.

> Le caractère n'est que le durcissement du choix, sa
> sclérose. . . . Ce que le théâtre peut montrer de plus
> émouvant est un caractère en train de se faire, le
> moment du choix, de la libre décision qui engage une
> morale et toute une vie. (*Un Théâtre de situations*, 20)

As a mixture of socialist, anarchist, voluntarist and optimist,
Sartre clings to the desirability of change. Hence also his
cheerfulness (in *Les Mots*) about the business of reneging, 'la
fuite en avant', that is always moving on while others try to
freeze you. Only the extinct creatures, the 'agonists', of *Huis
clos* have characters: fixed, inescapable essences (the lesbian,
the infanticide, the coward). Paradoxically *Huis clos*
remains Sartre's most intensely theatrical play.

As *Huis clos* illustrates, Sartre's theatre is one of extreme
situations. He conceives of drama as a trap from which his
characters have to invent a way out. And he wants them, in so
trying, to engage our interest not only as individuals, but also
as indicators of wider social and historical issues. He moves
the stress, therefore, from character to situation, for what
situations offer, at least potentially, is drama. Ideally, the
theatre would unite its audience in a consensus, and therefore
the dramatist must devise situations of a general nature,
applicable to and understandable by a majority. Sartre cited
'contemporary problems', such as 'celui de la fin et des
moyens, de la légitimité de la violence, celui des conséquences de l'action, celui des rapports de la personne avec la
collectivité, de l'entreprise individuelle avec les constantes
historiques, cent autres encore' (*Un Théâtre de situations*,
20), but it is hard to see how any of these belong uniquely to
the twentieth century.

Sartre was fully conscious, however, of a basic split in the
theatre: moving ritual or mere ceremonial; an artistic and
possibly political weapon, or a social outing. His dilemma
was that, despite longing for a unified popular audience,
what he got was a hall full of atomized bourgeois. His

response was to goad this public into thought, and never to cosset it. While he rightly admired Becket's *En Attendant Godot* for its scenic effrontery, he judged that it does little truly to unseat its viewers and, as such, backs them in their acquiescence to the status quo. He saw a play's climax not as a purgative catharsis – a dose of salts – but as an indigestion. He wanted us to leave the theatre feeling heavier with thought, with anxiety and with guilt than when we entered it. Though not averse from terrorism in public, Sartre had too traditional a taste to enjoy being pawed by actors invading the stalls at 'happenings'. He preferred distancing, not telescoping, and not fishy complicities. The theatre was a tribunal, and often a torture chamber, where his brand of thumbscrew theatre could operate. Hence the frequent melodrama and histrionics. For Sartre, gestures on stage mattered more than décor, because the stress falls more on the will than on the unbiddable. Yet, in *Les Mains sales*, in which the décor *is* largely functional, the fact remains that Hugo and company are bounded by walls; there is no escaping the situation.

THE HISTORICAL FRAME

A variety of historical situations and events contributed to the imagining of *Les Mains sales*, beginning with Trotsky's assassination. Sartre had met one of Trotsky's former assistants in New York and been intrigued by the story of a young man taken on as a secretary who later kills his employer. Sartre particularly relished the *huis clos* (in camera) atmosphere of the situation. Trotsky represented a form of communism oppositional to the Stalinist orthodoxy. (Hoederer's situation is not a close parallel, for he is not, like Trotsky at the time of his murder, an exile.) A second influence was the case of Jacques Doriot. Before the Popular Front period of 1936, Doriot had wanted the PCF to form an alliance with the socialists, and had been excluded from the party for deviationism. A year later, the party carried out his project, without acknowledging his initiative (here the parallel with Hoederer is much closer). Third, Sartre also likened the situation in *Les Mains sales* to the 'Truce of Paris' (August 1944) betwen the French Resistance and the German military command (*Un Théâtre de situations*, 248). Within the Resistance there was dissension between communists and others as to the value of this truce (Hoederer is akin to those more realistic communists who approved of the truce, since the PCF was not yet strong enough to seize power). Fourth, Sartre's only sustained practical experience of political organization was the one-year experiment of the 'Rassemblement Démocratique Révolutionnaire' (RDR). Note that it was an association, and not a party, and thus allowed its members to continue to belong to established parties. It was formed when some socialists invited intellectuals like Sartre, Camus, Merleau-Ponty and Breton to promote a campaign for peace and a neutral socialist Europe, that is a Europe dominated by neither the USA nor the USSR. The group disagreed over the issue of capital punishment; Sartre and Camus were already drifting apart; and Sartre scented a pro-American bias in the supposedly neutralist RDR. Sartre concluded that a 'third way' was impracticable and that his only course lay in a critical *rapprochement* with the PCF and the USSR. (The idealism of the RDR and its lack of any popular basis are reflected in Hugo's position). Sartre's 'Les Communistes et la paix' of 1952 would argue that 'progressive' violence is acceptable (*Situations* VI, 1964).

Strangely, given that *Les Mains sales* was attacked by the PCF as depicting ruthless opportunism in the shape of Hoederer's 'united front' policy, the French Communists, in 1945-6, had themselves been prepared to practise co-operation with middle-of-the-road, or even Conservative, groups in order to gain a foothold in the government (e.g. there were ten communist ministers in Bidault's Cabinet in 1946). One reason, of course, for the attacks on Sartre and his play was the deep-seated mistrust the PCF had shown since its foundation towards intellectuals, either within or on the touchlines of the party. Sartre's friend Paul Nizan, a party member for fourteen years, suffered from a posthumous liquidation when he left the party and was killed at the front in the early days of the war. In his study of Nizan, Sartre caustically uses the hand-motif from his play to describe the defensive attitudes of more kowtowing communist intellectuals, who claim that their writings are a kind of 'manual work' at home, 'like lace-making' (*Situations* VI, 1964, 174).

Around 1948, there were numerous instances across the world of murders or incarceration of opposition politicians. Earlier, during the Second World War, communist parties in several countries had had to veer tactically as events changed (e.g. Russia's delayed entry into the war). In the 1930s, and later, 'show trials' indicated how leading communists could be suddenly 'proved' to be traitors. In eastern Europe in 1948, communists were struggling to take over power in several countries. The particular case of Hungary presents the most parallels with the situation of Illyria in *Les Mains sales*. For much of its history, Hungary had been a pawn in the power games of the great powers. It allied with Germany in 1941 to attack Russia. In 1944, it was invaded by Germany because Regent Horthy had allowed great freedom to anti-Hitler elements. When Russian armies crossed the frontier in October 1944, Horthy switched to negotiating with them. Hungarian communists gradually won the struggle for power in the Resistance coalition and, with Soviet backing, eventually took over completely. The process was gradual, for it had proved impossible to impose communism all at once on a country of small landholders and light industrialization, where suffrage was not yet universal, and where there survived strong traditions of conservatism, royalism, even fascism. This is very much the extremely tough situation in which Hoederer, Karsky and the Prince try to outmanoeuvre each other in *Les Mains sales*.

Apart from these external sources *Les Mains sales* has natural roots in Sartre's earlier theatre (and extensions in the later). After the ahistorical *Huis clos* and the mythological/

philosophical *Les Mouches* (whose hero Oreste, like Hugo, seeks to vanquish the enemy less for the public good than for the solution of his private dilemmas), Sartre attempted in *La Putain respectueuse* (racism in the USA) and *Morts sans sépulture* (Resistance workers under torture) to rehearse real contemporary issues on stage. The first of the two latter plays is spoilt by crude stereotypes and the second by the dramatic absence of a genuinely realized enemy. *L'Engrenage*, a film scenario of 1946, was originally called *Les Mains sales*. Its theme is buying time (the major element of Hoederer's strategy and, indeed, tightly connected with Hugo's whole situation in the play). The dirty hands of inescapable violence, with history as a real agent for the first time in Sartre's theatre, prepare for the later play, *Les Mains sales*, but are poorly translated into effective drama in *L'Engrenage* itself. Sartre's next play after *Les Mains sales, Nekrassov*, one of his most openly partisan works, mocked the anti-communist hysteria spread by the bourgeois French press. The highly histrionic Goetz, hero of *Le Diable et le Bon Dieu*, was said by Sartre to be 'a converted Hugo', for Goetz progresses from idealistic play-acting to the compromises involved in concrete political action (*Un Théâtre de situations*, 270). Franz von Gerlach, the supremely dubious hero of *Les Séquestrés d'Altona*, is, like Hugo, 'emphatically not recoverable' (Aronson 1980, 209). He too opts finally out of history, out of accountability. There is no tramline progress in Sartre's theatrical heroes. Sartre practises not only 'la fuite en avant', but al. ɔ doubles back.

CHARACTERS

Hugo

In keeping with Sartre's reaction against stage 'characters', Hugo is not entirely himself. He is variable, ambiguous, perhaps ultimately undecidable. He is not entirely himself because he lives largely on borrowed terms and ideas, and on borrowed time. The only thing Hugo is definitely is 21 years of age (in the central section of the play). His surname, Barine, is the Russian word for lord or gentleman. (Kaliayev, in Camus's comparable play, *Les Justes*, is addressed as such by the gaoler). Hugo's pseudonym, 'Raskolnikoff', is taken from Dostoevsky's anguished murderer in *Crime and Punishment*. Hugo reminds Louis of the Russian suicide terrorists at the turn of the century. When Hugo urges Olga to obtain him a risky mandate, he asserts that he has not much taste for living, and thinks that this qualifies him for the dangerous mission. It also paves the way for what is in effect his suicide at the end. His political language and ideas are largely clichés, just as his worship of his Russian model is ready-made and parasitic. His brand of revolution is cataclysmic: all-or-nothing, now-or-never. He has no concept of, and no patience for, political effort stretched out in time – the French term is *la durée*. As McMahon puts it, 'Hugo would like to profit from certain specific acts in order to attain a state wherein further action would not be necessary' (McMahon 1971, 187–8). While not an essence, Hugo is in many ways an essentialist: he pursues an essence. He falls from existentialist grace especially in the extent of his bad faith.

For Hugo, Louis cannot be wrong, because he is Louis. Hugo offers to kill his employer even before he knows what the man's policies are. It is a gesture of unthinking obedience, licking the party's boots. If one definition of bad faith is the attempt to hold contradictory views simultaneously, then Hugo is fully guilty of this crime. It leads him into casuistry. He argues, illogically, that even if Hoederer convinced him of the rightness of his policy, then this would be an extra reason for killing him, before he persuaded others, too. He counts lying as worse than murder, which is *moralisme* gone mad. We cannot, nevertheless, simply condemn his vacillations or his extremism. As well as inconsistent ideas, he has contradictory loyalties. He can, for instance, hardly escape being a traitor either to his revered party or to his new-found protector, Hoederer. Like the priest, Heinrich, in *Le Diable et le Bon Dieu*, he is 'fait comme un rat'. His dilemma is genuine, if largely of his own making or con-senting. As we have seen, a kind of malediction, or original sin, lies heavy on the bourgeois intellectual, in the eyes of communist parties and often, it seems, in Sartre's strabismic eyes. Such figures become at best scapegoats, an escape route we see offered to Hugo at the end of the play. The full complaint he voices (p. 172) is both self-pitying and largely justified:

> Je ne suis pas fait pour vivre, je ne sais pas ce que c'est que la vie et je n'ai pas besoin de le savoir. Je suis de trop, je n'ai pas ma place et je gêne tout le monde; personne ne m'aime, personne ne me fait confiance.

It is easy to see why his plight attracts the sympathy of so many readers or playgoers. He is got at and belittled ('ma petite abeille', 'le petit') by his father ('Ça te passera comme ça m'a passé'); by his big-sister of a wife, Jessica; by his stand-in heavy father, Louis; by the bully-boy guards; by the maternal Olga; and by the Dutch uncle, Hoederer. All patronize him. When he gets drunk after the explosion and nearly gives the game away, Jessica covers up for him ('Rien de ce qu'il dit n'a d'importance' (p. 138)), by claiming that she is pregnant and that Hugo as a result is confused. Else-where, she jibes that Hugo is as moody as an expectant mother (p. 113). He is indeed swollen with his embryonic act, and constantly postpones delivery.

The atmosphere of mistrust is established from the start. Startled by Hugo's reappearance from gaol ahead of his allotted sentence, Olga is further preoccupied by the question of what will happen to him now that the party line has changed with respect to Hoederer's status. Both are touchy, convoluted in speech. The episode of the poisoned choco-lates shows that Hugo was unsafe even in prison. He knows that the Party want to keep him at bargepole length, for he represents a danger. What will they do to him, or make of

him? What does he make of his past act which consigned him
to prison? Olga hints that the Party is now more pragmatic,
less purist than in the past. Hugo is something of an
anachronism; he is always out of step. The Party has always
considered him a gas-bag. In the end he will loosen his
tongue, wilfully, after a silence of years. At first 'all talk',
'talking like a book'; after his release the Party fears Hugo
will blow the gaff. Thus words can be both unreal, inferior to
action and yet have concrete repercussions. Language, too, is
fundamentally ambiguous.

This eventual murderer feels himself to be unreal. He acts
the part of Hoederer's secretary. The guards make him feel
that he is only toying with communism; Jessica that he is only
playing at being a husband or an assassin. *Les Mains sales*
has several levels of theatricality. The outer play (Hugo's
explanation to Olga) houses the inner play (Hugo's relationship with Hoederer), which in turn contains Hugo's and
Jessica's sustained *comédie*. In fact, Hugo's only real act
will be to decide *why* he killed Hoederer, but this will be a
retrospective, *post facto* decision. Letting life be *une
comédie* produces a vicious circle of unreality. Hugo repeats
the famous words of Hamlet 'être ou ne pas être' (p. 137).
Though at times Hugo seems to resemble Hamlet, 'sicklied
o'er with the pale cast of thought', McCall is surely right to
reject this assimilation (made by Sartre himself in *Les Écrits
de Sartre*, 1970, p. 183), for Hamlet dominates where Hugo
is ever the loser (McCall 1969, 59). He suffers the agonies of
virtuality. He seeks, like Oreste, some ballast, for he lacks
true gravity. Sartre himself, in *Les Mots*, talks of his sense of
being surplus to requirements, lasting well into maturity. The
difference, naturally, is that Sartre was fully aware of the
price to be paid for opting for unreality, the world of fantasy
and gesture: it is the neurosis, indeed the schizophrenia, of a
Franz von Gerlach in *Les Séquestrés d'Altona*.

The future, in the shape of pious hopes, is particularly
unreal. Hugo tells himself a future fairy-story when, like
Kaliayev in *Les Justes*, he imagines his coming triumph and

its enthusiastic reception by Olga and Louis. This would be self-boost and confirmation by others combined. (We should note, however, that Hugo has to force the scheme of shooting Hoederer upon Louis, whose original plan was merely that Hugo would facilitate the murder by opening the door from the inside to the actual assassins.) Yet Hugo's connection with the future is as troubled as that with the present or the past. He faces the problem of killing face-to-face someone he had come to respect and love, as distinct from the Party's killing by decree, by contract, at a distance. Thus Hugo's act of murder is procrastinated, a put-off job. He says a murder is abstract, yet he has visions of the obscene corpse into which his deed would turn the living Hoederer (p. 147). When he talks of the solid coffee-pot, he is envisaging, if he kills the man, an empty future and yet more unreality for himself (p. 116). Thinking in terms of essences, Hugo views Hoederer as solid, whereas he is in fact characterized by flexibility. 'The last thing Hugo wants in the world is an open situation' (McMahon 1971, 191). Even at the climax, Hugo is still freezing Hoederer into a fixed 'character', idealizing him as 'a great man'.

Whereas Hoederer permits himself only the briefest nostalgia for the past, Hugo lets his past dog him. This is understandable, if not, in Sartre's relentless eyes, forgivable. Hugo's youthful trauma was caused by excess, not by deprivation. In the scene with the guards, Slick and Georges, he forcefully recalls being bullied to eat 'medicines', such as blood from the abattoir, to give him an appetite. Even the cynical guards, locked in their sense of class-difference, are somewhat chastened by this outburst. The audience understands best at this point Hugo's motives for desiring a revolution. When Hoederer intervenes, Hugo angrily wards off this protection. He feels as if he is being taken over, spoken for, yet again. It seems as if he fatalistically agrees with the guards that the twain shall never meet ('c'est une question de peau' (p. 99)). At the same time, as Thody picturesquely puts it: 'Like most intellectuals, Hugo envies the apparent certainty and total coincidence with self which seems to be the exclusive privilege of front-row forwards' (Thody 1971, 93). Yet Hugo is averse from being touched by the solidly real Hoederer or by the beefy guards – those horny-handed tons of soil – and the only physical contact he has with his wife in the play is a childish wrestle on the bed.

Caruso persists in arguing that Hugo is the centre of dramatic interest, even if Hoederer is exemplary, and that his final act will therefore make audiences identify with him and what he represents. Hence, in Caruso's view, the widespread anti-communist interpretation of the play (*Un Théâtre de situations*, 259). It is true that the author invests something of himself in Hugo, who is termed a mere 'anarchist' by Louis. There was always a strong anarchistic streak in Sartre's temperament and career: the stress on the individual, on personal responsibility, the hostility to systems or authority, the distaste for run-of-the-mill politicking. We should remember too that anarchism does not preclude puritanism or self-discipline. As well as addressing students he had known or taught, Sartre portrays in Hugo some of his own youthful, and indeed lifelong, idealism, but he subjects this figure to heavy irony, suggested by the very sardonic alternative title: *Les Biens de ce monde*. Only Hugo is cluttered by possessions (his photographs); only he is possessed. And he misses out on the true rewards of authentic living held out to him by Hoederer.

Hoederer

Of course, we see Hugo not only in his wobbly self but in interrelation and confrontation with Hoederer. In some ways, the efficient Hoederer is made too opposite to Hugo. As Barnes points out:

> Hoederer acts absolutely on the basis of his own view of the situation, without authority, playing God because he is sure he is right. . . . We can certainly understand why

> many in the audience have felt that, regardless of
> Hoederer's attractive personal qualities and his cor-
> rectness in the immediate situation, Hugo was right to
> condemn his policy. (Barnes 1974, 85)

I agree, apart from the last phrase. While we do tend to side
with the underdog against the dictator, Hugo's motives for
opposing Hoederer's policies are not worth much respect.
For, as Barnes goes on, in their big debate about ends and
means, 'suddenly Hugo is seen to be a not too distant relative
of the Autodidacte [in Sartre's *La Nausée*], the false
humanist who loved mankind out of empty sentimentality'
(Barnes 1974, 86). The hero of *La Nausée*, Roquentin, had
also, like Hugo, wanted to keep his hands clean, as evidenced
by his fear of the squidgy paper or the slimy pebble;
Roquentin wanted to live in an ivory tower with porcelain
washbasins, and to possess himself 'la netteté de la faïence'.
Children are always being ordered to wash their mucky paws.
Hugo talks of sullying his, but in a solo operation, not as part
of a socially orientated project like Hoederer. As Hollier
exclaims wittily: 'Comme s'il était possible d'avoir ses
propres mains sales, de se les salir proprement, sans bavure'
(Hollier 1982, 184). When Hugo swears: 'Des fois, je
donnerais ma main à couper pour devenir tout de suite un
homme et d'autres fois il me semble que je ne voudrais pas
survivre à ma jeunesse' (p. 121), such self-mutilation is
clearly not what Hoederer recommends. It is 'le sang des
autres' (to use a title of Simone de Beauvoir's) that one must
be ready to plunge both hands into.

Fathers, and grandfathers, usually receive a poor press in
Sartre's society. Just as he is a rare positive hero, so Hoederer
might have made the one and only *good* father for Hugo: a
judge, critical but supportive. As it stands in the play, Hugo
is jealous of Hoederer's consistency.[4] Similarly, seen as a
dramatic protagonist, Hugo is not a pure representative of
purity, just as Hoederer does not embody only unscrupulous-
ness. There is genuine theatrical interplay between them,
the very stuff of drama. And each of these two men dies

ultimately not for principles or ideologies, but for each
other. Truly, they have 'un drôle d'amitié', to use a section
title from Sartre's *Les Chemins de la liberté* which features a
comparable situation.

Hoederer was a member of parliament until it was dissolved in the war situation and so he is a professional politician. He reveals a natural, or acquired, authority when he
acts as conciliator in the dispute between the guards and
Hugo, which prepares for his higher-level diplomatic skills in
the intricate coalition with Karsky and the Prince.
Hoederer's party is internally divided: Louis heads the other
faction. Only by a 4–3 majority did Hoederer gain authority
to embark on negotiations with the other Resistance groups.
The Communist Party in Illyria – the PAC ('Parti d'Action
Communiste') – is only part of another coalition, 'le Parti
prolétarien', born of a merger with the social democrats.
Illyria is still under German occupation and faces the likeli-
hood of Soviet invasion. The various clandestine groups are
all manoeuvring for a post-war position of power. Hoederer
is fully lucid about the grave difficulties posed by such a
complex situation, such a dubious battle, and knows there is
no easy solution. At the outset of the big scene (4th Tableau,
Sc. 4), he plays a waiting-game ('Je n'ai rien à proposer').
By concealing his cards, he forces the others to lay theirs on
the table, even though they are still half hidden by the
euphemisms, the fudging of issues, practised especially by
Prince Paul, son of the Regent. The Prince's rhetoric is more
accommodating than Karsky's in that it borrows some of his
adversary's arguments and terminology. After all, the Prince
is bandwaggoning.

Karsky, secretary of the Pentagone (a name which has
nothing to do with Washington, but denotes a group of
liberals and nationalists), recognizes Hugo and draws a sick
wisecrack from him: 'You were responsible for your father's
death'; 'He was responsible for my life' (p. 123). A civil war
simmers beneath the Resistance truce between factions.
Karsky's men have already tried to kill the Regent; Hoederer's

men recently attacked Karsky's to procure weapons. The two are well-nigh enemies. When Karsky asserts that they are not of the same race, Hoederer replies that they are, but not of the same class (p. 124). (Compare this with the 'question de peau' which separates Hugo and the guards.) Claiming to pursue the 'national interest', the Prince acts the part of pacifier; his abstract noble version of the strife-torn situation elicits a horse-laugh from Hoederer. The polite veneer barely covers the *Realpolitik* beneath. Soon the three come to the crunch: the arithmetic of power. Statistically, Hoederer's party represents less than 20 per cent of the whole electorate. He is offered two votes out of a possible twelve on the 'Comité National Clandestin'. He counter-attacks: an equal split, and no absorption of his group into the Pentagone organization. It is bluff and counter-bluff. Karsky threatens a walkout; the Prince hesitates, for he is caught not only between Hoederer and Karsky, but between Germany and Russia. Hoederer's trump-card in this political poker game is that his party is the only one trusted by the Soviets. This is his means of ensuring that the tail (the minority party) wags the dog (power). He mocks the Pentagone's slogan 'L'Illyrie seule' (possibly an allusion to the French right-wing slogan 'La France seule'), but he does not seem here to foresee the likely total takeover of Illyria by Moscow. Karsky knows that Hoederer is using blackmail, and his complaint has much validity. Hoederer is indeed ready to side with the recently pro-German Regent against the honourably patriotic Pentagone (p. 130). It is a moment of unsentimental choice, as Hoederer stresses. Hugo's outburst, denouncing the deal on the grounds of its compromising everything that the party, in his eyes, stands for, almost wrecks Hoederer's master plan. The detonation outside the room stands in for the stalled explosion inside it.

In scene 3 of the fifth tableau, Hoederer is involved in a more intimate scene with Jessica and Hugo, where he can talk more frankly of the problems he is striving to cope with. His proletarian party has not the military strength to seize power. Even the advent of Russian troops will create as many problems (the PAC will be unpopular with fellow-Illyrians) as it will solve. Hoederer's party has to contend with both the middle-class Pentagone and a peasantry hostile to Marxism. Hence the waiting game we saw him playing with Karsky and the Prince. Hoederer is willing to let his party remain a minority one, so that the others groups attract most of the unavoidable unpopularity. Listening to these arguments, Hugo is surely justified in protesting that such policies of compromise are precisely those which rot full socialist programmes of a new economy and an overthrow of the class system, for this is indeed what has happened after each communist takeover in several countries. But Hugo is so much of a purist that he demands the party be kept out, as of now, from that political stewpot. Hoederer ripostes that the goal of the party is power, and not ideological purity. He is prepared for tactical lying, lying to the troops, for it is in fact a war situation. Lying, indeed, he argues, is an integral part of politics – and this is what Hugo stomachs least – because it is maintained by a society divided into mutually hostile classes. As Lenin always declared, you have to use the enemy's weapons in order to defeat him. Their dispute is the classic opposition of ends and means, of idealism and efficiency.

Then occurs Hoederer's major speech, counter-attacking Hugo: 'La pureté, c'est une idée de fakir ou de moine', and, as such, a pretext for doing nothing. It is impossible, in real political life, to keep clean hands. 'Moi, j'ai les mains sales. Je les ai plongées dans la merde et le sang. Et puis après? Est-ce que tu t'imagines qu'on puisse gouverner innocemment?' (p. 160). Mere red gloves (i.e. the bloody hands of the murderer) are dismissed as an elegant second best. The true test is the readiness to handle corruption. In this exchange Hoederer asserts, even boasts of, his unfastidiousness and readiness for violence. What we actually see in the play is an adroit and often admirable politician. On the evidence, he talks dirtier than he fights. He makes himself out to be Lady Macbeth, or Bluebeard, with ineradicably stained hands. His working motto, like Richard Nixon's, appears to be: if you can't stand the heat, you should get out of the kitchen. Though he reminds us of the Big Bad Wolf, there is little doubt, nonetheless, that he would do as he says, if it proved necessary.

I do not agree, however, with Aronson when he comments that Hoederer's ideas are 'presented schematically, not arrived at through lived experience as in the several stages of *Le Diable et le Bon Dieu*' (Aronson 1980, 198). *Les Mains sales* operates on a totally different and far more telescoped time-scale than that later, epic play; and we do see Hoederer in full action with the Prince and Karsky. Hoederer caps his arguments with the undeniable claim that his compromises will save the lives of hundreds of thousands of Illyrians in an otherwise inevitable civil war. It is now Hugo who sounds, in the full sense, bloody-minded. When Hoederer says: 'Tu n'aimes pas les hommes', Hugo answers with the schoolbook distinction classically drawn between Racine and Corneille: 'Quant aux hommes, ce n'est pas ce qu'ils sont qui m'intéresse mais ce qu'ils pourront devenir' (p. 161). He ends up seeming destructive, even nihilist, whereas Hoederer indulges for once in a near-sentimental, 'humanist' speech, saying that he loves people as they are, 'avec toutes leur saloperies et tous leurs vices' (p. 161). Once again, Hugo is foiled (the first time by Olga's bomb, this time by Jessica's intercession) from killing Hoederer at a high point where he feels most ideologically distinct from him.

Hoederer is not only a politician but also human. His apparently gratuitous and therefore rather sentimental claim that he loves his fellow-creatures is in fact borne out by his general behaviour. He is indeed ready to trust, to give, to protect. He has memories of lodging with a worker's family and enjoying the domestic stability, which he roughly pushes aside with 'Il faut travailler' (p. 154). Even so, in political terms, he seems more communal, convivial (in its full sense) than collectivist. He admits to having had no youth, and this is no doubt why he is attracted to Hugo. If Hoederer knew no childhood, Hugo had too much; he was too stuffed, too dependent and mollycoddled. Presumably, as in a certain French tradition (e.g. Corneille, Saint-Exupéry, Malraux), Sartre wanted to keep his active hero unfettered by such ties (Hoederer is divorced). Yet Hoederer is not immune to Jessica's perfume or charms, though he treats her in brusque macho-fashion after finding her eavesdropping from under a table, and admits that he is not very keen on female emancipation (p. 119). After Olga's bomb attempt, he argues that women take over ideas wholesale and carry them through wholeheartedly, whereas men, who originate those ideas, are less sure of being absolutely right (p. 171). (By this logic, Hugo is towards the 'womanly' end of the spectrum.) Later, Hoederer and Jessica accuse each other of being novelettish (*romanesque*) – Jessica because she claims she was ready to intercept the bullet meant for him, and Hoederer because he chanced his life when he turned his back on the armed Hugo (p. 177). Hoederer acknowledges he is tempted, though always irritated, by her, just as she knowingly responds to his superior reality. When he finally kisses her, is he being the stereotypical bully-boy male, egged on by the challenge of warming up a possibly frigid tease?

With Hugo, Hoederer is willing to risk his own life in order to avoid humiliating the young man – hardly the attitude we might expect from a tough politician. The scene (6th Tableau, Sc. 2) where he plays this dangerous game takes place on thin ice and is clearly the most suspenseful segment of the play. Hoederer knows, but does Hugo know that he knows? The dramatic irony is intense, for almost everything Hoederer says incites Hugo towards pulling the trigger. Hoederer's refrain is that intellectuals think, which is, for him, almost a synonym for failing to act. The provocation is part of his offer to Hugo: a test, an initiation rite. Hoederer, in effect, is volunteering to act like the medicine man of tribal societies who aids adolescents towards manhood by putting them through it. Hugo's youth is seen, in this perspective, as a bourgeois malady (cf. Nizan's excellent novel of growing up and failing to grow up, *La Conspiration*). Playing with fire, Hoederer challenges Hugo to kill him, face-to-face, or when his back is turned. He is putting Hugo on his existentialist honour, trying to compel him to act authentically, freely, and not by mandate from the Party. His proffered help, of course, is still a way of discounting Hugo, of making him a second-class adult, by proposing for example to sort out his obligations to Louis on his behalf. Inevitably, Hoederer's suggestion that if Hugo gives up the assassin's role, he can still be useful (cf. the 'récupérable' motif), say as a journalist, appals Hugo, for it reminds him of his only talent: the handling of words. Hugo here appears limp, fatalistic, though it is Hoederer who draws the surprisingly essentialist conclusion: 'Nous ne sommes pas de la même espèce' (p. 175). And Hoederer drops the hint that he is not quite so at peace with himself as he appears. Throughout, he has known that he will not make old bones ('Je ne suis pas vieux mais je suis visé' (p. 120)). Unwittingly, he prepares the way for Hugo's lethal inburst by ordering the guards to grant him free access. No doubt he wants to give the youth maximum opportunity for reflection and change of mind.

Many citizens have always been cynical about elected or self-appointed politicians. To that extent, Hoederer's attitude towards and speech about dirty hands is news to no one – except Hugo, an immature idealist. Hugo needs to be told the facts of life (as indeed he is elsewhere, in a more skittish mode, by Jessica). It is a speech, in private, in camera. Would Hoederer make the same disclosures before a crowd? It has been advanced that the debate between Hugo and Hoederer never really takes wing (or, alternatively, never touches the ground), as the older man is given all the best and most crushing arguments.[5] The younger man cannot even hold his liquor. The confrontation has been likened to that of a genial Goliath pitted against a puny David, though of course the weaker man here, as in the Biblical story, manages to slay his mightier adversary.

Louis, the guards, Olga

What of Hoederer's difference from the opposing party
members in the play: Louis, Olga and the guards Slick and
Georges? Louis is more dictatorial than Hoederer. He
favours the no-argument, Stalinist adverb, when he says of
Hoederer: 'Objectivement, c'est un traître' (p. 72). For
McCall, 'it is significant that we never see Hoederer and
Louis in actual confrontation. Louis does not represent any
concrete alternative to Hoederer's policy' (McCall 1969, 62).
He pronounces instant verdicts, which his colleague Olga
tries to moderate, as when he dismisses Hugo as a windbag or
an undisciplined anarchist. He displays what Sartre every-
where condemns: 'l'esprit de sérieux' – the blind belief in
certainty. This in turn is linked with bad faith and 'party-
mindedness': the refusal to think for yourself. Hobson sums
up: Louis as a counterweight to Hoederer is 'absurdly inad-
equate . . . only a gangster – indeed, for most of the time,
the shadow of a gangster' (Hobson 1953, 105). The guards,
Slick and Georges (3rd Tableau, Sc. 2), are employed as
gorillas, heavies in every sense (their sinister jokiness, their
ponderous sexual innuendo pointed at Jessica). The heavy
breathing of these strong-arm boys is replied to in nervously
playful short pants by Jessica and Hugo. The guards add to
the ambiance of mistrust and surveillance. Class conflict
comes out in the form of inverted snobbery, although their
basic complaint, that the intellectual Hugo talks like an airy-
fairy book, stems from old scars: the memory of being visited
in their homes by condescending, do-gooding bourgeoises.
Much of the antagonism rests on language. Hugo and the
guards speak different tongues, and they spend much time in
name-calling ('aristocrat' – 'coppers') (p. 93). Slick and
Georges remain the only proletarians in the play, and
Sartre's difficulty in imagining them in better theatrical
terms reveals his own distance from working-class experience. But the scene moves from elephantine and false jollity
to only too real and weighty menace.

For her part, Olga is ever ready to give Hugo (there are

hints of an earlier affair between them) the benefit of the doubt. For instance, her account in the first tableau of the shooting is over-generous: 'C'est aussi le type qui, à vingt ans, a descendu Hoederer au milieu de ses gardes de corps et s'est arrangé pour camoufler un assassinat politique en crime passionnel' (pp. 58-9). She gives him extended deadlines, playing for time to allow him every chance of proving himself (the assassination), or saving himself (the finale). When she threw the bomb, it was because she feared Hugo's life would be endangered if he prolonged the process. It was on her private initiative. Thus, the antithesis established, in her confrontation with Jessica, between 'femmes de tête' and 'femmes de cœur' (p. 142) is not to be taken literally. Jessica is sharp-witted, Olga impulsive; again, there is overlap, nuancing of rigid categories.

Jessica

As for Jessica, she is paradoxically a marginal figure vitally involved in the action up to Hoederer's death (we learn that after Hugo's imprisonment she abandoned him and her married name). As such, she is a living embodiment of Sartre's belief that no one can escape involvement with others. Her flighty flirtatiousness, largely verbal, is set up from her first entrance. Hugo (p. 108) credits her with frigidity, a condition often attributed to flirts, but, as Sartre learned from the sexologist Wilhelm Stekel, a condition which may be chosen like any other. Is she a frigid tease, in fact, or a young woman just awakening to her own sexuality, as is hinted in the final scene with Hoederer? She warns Hugo not to rely too much on trust, for she will deceive him if the desire arises. The marriage certainly seems to secrete a sexual failure. Not that there is ever much space for connubial love in Sartre's world. At best, love can be seduction or *un délire à deux*, but the nearest Hugo and Jessica get to that unstable state occurs when they wrestle excitedly on the bed for the pistol she has concealed, which is a phallic stand-in for Hugo. Their dialogue is edgy, as irritating to onlookers as to themselves. They are too alike to generate any true dramatic interchange. Under Jessica's taunts about what colour he thinks her eyes are, Hugo responds cornily with pseudo-lyrical metaphors. Like people unsure of their feelings for each other, they talk pedantically. All that they really share is the sense of playing a game, putting on an act, with each other. It is a form of bond, but a fragile one, and sterile. 'Nous n'en sortirons pas', says Hugo (p. 85). It is a vicious circle, a Catch-22 situation.

Jessica is 19 years old, and under-prepared for the difficult situation she finds herself in. When she refuses to choose between a dead Hugo and a dead Hoederer, she is clearly in understandable bad faith, and she uses Pontius Pilate's phrase: 'Je m'en lave les mains. . . . Je n'ai rien fait, je suis innocente de tout' (p. 150). Both she and Hugo seek confirmation of themselves as real persons through and from Hoederer. Both are socially conditioned to a crippling extent: Hugo by his over-protective and privileged upbringing, Jessica by the mainly decorative role and status assigned to bourgeois women in capitalist society. This is why Hoederer, in a mixture of existentialist and Marxist terms, says to her: 'Je suppose que tu es à moitié victime, à moitié complice, comme tout le monde' (p. 118).

For all her glaring faults, Jessica is essential to the play. Sartre frequently deploys women as conveyors of truth. (cf. Inès in *Huis clos*, and later Léni in *Les Séquestrés d'Altona*). Jessica, too, is a catalyst, an *agente provocatrice*. She spots Hugo's attraction to Olga, and manages some bitchy sarcasm, in which she envisages Hugo as a house-husband to an outgoing, bomb-hurling second wife (p. 142). Not only does she see through Hugo's façade of toughness, she almost takes over his commissioned role from him: her quick thinking during the search of their room, her urging Hugo to carry out his mission. She persistently queries Hugo's dubious motives, pointing out that, if he had met Hoederer instead of Louis a year before, he would now approve of the former's ideas. She mocks his naïve faith in book-learning and in the infallibility of doctrine (p. 149). She knows he is a narcissist, easily intimidated by the gaze of others. As she grows more attracted to Hoederer, she, with some naïveté, begs Hugo to convince Hoederer of the need to change his policies, and, when Hoederer arrives, she mentions this proposal, thus propelling the action forward once more (p. 154). It is not merely what she says or does that matters. Her presence on stage, even when mute, charges the atmosphere, eroticizes it. The men start posing, acting tough, boasting, competing, justifying themselves. Ultimately, however, Jessica's seductress pose is as pathetic as Hugo's assassin pose. A quick kiss, but that kiss lurches Hugo at last into decisive action. The fantasies of the young pair come true, but not in the way either of them expected. Counter-finality, popularly known as Sod's Law, is operating. Hoederer's dying words are: 'Ah! C'est trop con!' (p. 180).

POSSIBLE INTERPRETATIONS OF THE MURDER

There is indeed something stupid, absurd, resistant to sense, about the murder which, as Barnes suggests, is comparable to the near-fortuitous murder in Camus's *L'Etranger* (Barnes 1974, 82). It undeniably happened, but why? The whole of the last tableau is taken up with Hugo's efforts to explain to himself and to the Party, in the person of Olga, what prompted him to kill Hoederer. His first attempt is: 'C'est pour sauver la tragédie que j'ai tiré' (p. 181). This must be partly true, as Hugo has striven to live in the realm of absolutes: right/wrong, pure/impure, party line/treachery, which is the area of tragedy. To the obvious question of whether he murdered from jealousy, he says that, if so, it was not jealousy of Jessica (p. 181). But his dominant sense, at the start of the enquiry, is that it was a kind of gratuitous event, 'un assassinat sans assassin' (p. 182). This clearly indicates that he does not genuinely know why he did it. The murderer, and his motive, have yet to be found. Hugo still feels unreal, a play-actor. Like the homeless Oreste in *Les Mouches*, Hugo had hoped to attach his *crime* (note the word he uses) around his neck like a millstone, so that gravity would take over from levity. When Olga tries to console him by suggesting that he is still 'récupérable' (recyclable), he answers sharply that that is a scrap-merchant's term. She offers him a new life: forget your deed, your identity (which Hugo had already masked under his Russian pseudonym); renegue, to save your skin (pp. 184–6). To encourage him to be adaptable, she informs him that the party line has changed. The realistic USSR, now that communications are restored, has ordered collaboration with the Regent. Everything has come out as Hoederer predicted, and Hoederer is now rehabilitated, with the slight criticism that his initiative had been premature. Thus history was being rewritten, events recycled for new uses. All this is obviously anathema to the static absolutist Hugo. His act has been whitewashed; in effect stolen from him. It has become an unclaimed act, a kind of bastard; and Hugo will seek to legitimate it. The chasm is still there, the apartheid: Hugo versus the rest.

Olga repeats Hoederer's earlier admission of the necessity for lying to the troops (p. 188). Hoederer had also said: 'le Parti peut décider ce qu'il veut' (p. 158), which presumably covers either his own liquidation or his rehabilitation. He did not object in principle to political murder (p. 121). He had been separated from Louis mainly on questions of strategy and timing, not policy or principles. His generous dying lie, that Hugo shot him out of sexual jealousy over Hoederer's non-existent adultery with Jessica, aims to protect both Hugo and party unity. All in all, it is hard to imagine that Hoederer would have acted very differently if he had been in Louis's or Olga's position. He is more distinct from Hugo than he is from them. Communist parties in power have a long tradition of assassination, followed later, if it proves expedient, by rehabilitation, rather like the resuscitation of corpses in horror films.

The Party's offer to Hugo is: save your neck by playing

ball, or die. Indeed, the only way Hugo can reclaim his act, seal it, is by giving up his own life, for, as in the heroic dramas of Corneille, the noble act is erected as a value above life itself. He rejects the bargain. He still does not know for sure why he killed Hoederer, but he knows why he *ought* to have killed him: for political reasons. Hoederer was too great a man to die because of a stupid emotional mix-up. In addition to clearing Hoederer's name in the eyes of posterity, Hugo wants to save his own image of himself as a man who performed at least one decisive act in his lifetime. In other words, he assumes the shooting; he takes full responsibility for it. Standing back we can see the futility of his heroic gesture, which will, of course, be hushed up and repackaged by the Party to suit its present needs. It will be a double death: Hugo will now 'kill' Hoederer, properly and for the first time. With a defiant cry of 'I am not salvageable' (*un coup de pied* which is also *un coup de théâtre*), he kicks open the door to face his executioners. To refuse to be used is both fine and use-less. All Hoederer's lessons about the necessity of compromise have been lost on him.

Hugo's last-ditch decision – to assign his own meaning to his past act – is pretty dubious. Think of the rewriting of history in Stalinist Russia, or in *1984*, or, indeed, in most of our minds. The Party ordered a murder and then revised the scenario. Hugo chooses true political assassination in order to recuperate Hoederer. In so doing, he chooses, in good existentialist fashion, his purpose: that is, quite literally, what he makes of his act. Existentialism is so sceptical of 'good intentions' that it shifts the burden of proof of authenticity on to the act. But intentions, or motives, chosen *after* the act seem to escape condemnation. How, in these conditions, are we to tell revision from lying? Simultaneously, Hugo remakes the past and selects the future, though obviously the future for him is end-stopped. All Sartre's heroes are dubious, questionable. Hugo's imminent death (to all intents and purposes a suicide), will be a convenient if brave way out of the trap he is in. He will not accept a petty

niche. Sartre himself compares Hugo to Musset heroes like
Lorenzaccio (see Contat and Rybalka 1970, 183). Hugo's
gesture remains essentially romantic, individualist, of small
value to anyone but himself, but indisputably courageous. It
is, as Barnes says, an emotional act, but not an unconscious
one. Emotion is described by Sartre as magical behaviour:
that is irrationally chosen. Barnes argues that 'Hugo's will-
ingness to die for the sake of ennobling the reputation of a
man he believes to have been wrong is but one of the things
which have left audiences doubtful as to the correct interpretation of the play' (Barnes 1974, 80-3). I agree with her
conclusion that such ambiguity is not a defect on Sartre's
part, but a testimony to 'the play's artistic merit and its
author's honesty' (Barnes 1974, 83). There are no easy
answers for spectators, readers or examinees. Champigny's
view (1982, 69), on the other hand, that 'the play leaves each
spectator free to decide which "real" motive [for Hugo's
killing of Hoederer] he likes best' is a sweeping cop-out. If it
were true, it would chime in with Sartre's concept of literature as a free enterprise appealing to other free conscious-
nesses. But surely Sartre cannot avoid making some motives
more plausible than others, and existentialist freedom is
always freedom within the limits of situations. Sartre does
not offer *carte blanche*.

STRUCTURE AND STYLE

Structure (how events, such as the meaning of Hoederer's
murder, are put together) and style (Hugo's final gesture is as
much a matter of style as of content) show that a plot cannot
be separated from its language. The ideas of this play interact
at every level with its staging. Timing, crucial to an author, a
director, stage manager or an actor moving on and off stage,
delivering lines and reacting to other actors, is of the essence.
It is timing that draws this political drama and its theatrical
manifestation tightly together. The whole historical context
of the play is that of a turning-point, a transition period. We

see politicians practising opportunism. We have just seen
how the official verdict on Hoederer condemns only the
premature timing and placing of his policy of aggressive coalition. Deadlines punctuate the plot. Before the murder,
Hugo is given one, then another extension. In the first tableau, the granting to Hugo of three hours – a reprieve or only
a stay of execution? – begets suspense. Three hours, approx-
imately the duration of the play itself. A decision will have to
be brought to a head within these time-limits. Lastly, timing
and chance. As Hugo says towards the end, if he had opened
the door two minutes earlier or later, he would not have
found Jessica and Hoederer embracing, and would not have
fired. An excruciating thought, and a necessary reminder
that existentialism functions in a world much given to
absurdity. Human will is constantly knocking up against
derisive events beyond its control. It is, in addition, because
Hugo lives in an atemporal, ahistorical realm of absolutes,
that he *mistimes* all that he undertakes.

Sartre of course increases suspense also by the traditional
means of 'stage business' – the dramatic use of props. This
often involves hiding: the guns stashed in different scenes by
Olga and Jessica, or Jessica spying on Hoederer and Hugo
from a concealed vantage-point. Décor plays an active part.
If Olga can tell Louis by midnight that Hugo is reemployable, it will be via the signal of a closed door. If not,
she will open it. The first signal holds out the promise of
acceptance; the second one of death. Hugo slices through the
arrangements by kicking open the door himself. Whether in
Olga's room, in prison or when employed as Hoederer's secretary in a closely guarded house, Hugo, until his final
choice, remains in what Brombert terms 'protective custody'
(Brombert 1964, 157). The pattern is: Hugo homes in on
Hoederer; the Party closes in on Hugo. No wonder that these
two threatened men are 'frères ennemis', free agents
caught in a trap. Sartre in addition uses sound effects (a radio
bulletin, car horns, an explosion, doors banging) as
reminders of the brute external reality which further hems

them in and makes up their *situation*. They counteract
Hugo's sense of unreality, of living in a theatrical décor.
This kind of self-conscious, internal reference to the play
(*Les Mains sales*) Hugo is engaged in crops up again when
Sartre slyly admits to the corny, novelettish or melodramatizing aspects of his play, by having Hugo say: 'Le hasard
a tiré trois coups de feu, comme dans les mauvais romans
policiers' (p. 182). In a related way, the two awkward,
grating scenes (Hugo with Jessica, and then both of them
with the bodyguards) could be justified as a variant form of
dramatic suspense: the author playing on the audience's
nerves. The scene of inter-female sexual bitchiness between
Olga and Jessica refreshes the stereotype. The fact remains
that *Les Mains sales* is less innovative, scenically, than either
Le Diable et le Bon Dieu or *Les Séquestrés d'Altona*.

Les Mains sales fulfils none of the French classical requirements of unity: neither time (spread over two years), place
(Olga's room at start and finish, Hoederer's house in
between) nor action. We witness a double-take on the central
event, so that this is not all of a piece, but dual. Olga functions as a psychoanalyst, or a priest hearing confession. She
urges Hugo to get everything off his chest, so as to enlighten,
and lighten, both of them. Champigny points out that Hugo
is absent three times from the scene of events (two dialogues
between Hoederer and Jessica, one between Olga and Jessica),
or drunkenly asleep in their presence. Yet the whole middle
section is supposed to be Hugo's story (Champigny 1982, 67).
Few consumers would probably complain. Indeed, for
Issacharoff, in that middle section – that is the bulk of the
play – Hugo's past is relived on stage, presented, not
recounted by a privileged first-person narrator, unlike *Huis
clos*, where the previous life of the characters is sieved and
judged as it is evoked (Issacharoff 1978, 185). In this way, the
independence of the past is preserved, and the onus of judging
it in the present is thrust back, as in the tribunal-theatre of
Brecht, on the reader or spectator. The attempted interpretation of the event occurs at the very end, and Hugo's version

is no more privileged than ours. His final decision is *explosive*, but in keeping with his better potentialities, his private party line.

In some ways, Hugo's choice of motivation at the end is as much a generous lie as Hoederer's dying words. In *Les Mains sales*, Sartre examines different forms of lying: Hugo deceiving himself about the purity of his ideology, Louis and Olga imposing a party line, Hoederer professing readiness to resort to tactical falsehood. We saw earlier how Sartre linked tactical lying in politics to theatrical magic and the aim of counter-attacking enemy mystifications. In *Les Mains sales*, a magnetic hero and a sucker juvenile lead: Hugo's awareness of play-acting in all he does and Hoederer's acceptance of lying to the troops marry these twin preoccupations of Sartre. Here, politics is theatricalized, and theatre is politicized. The ambiguities inherent in decision-making rule this play. We talk of having a hand in decisions, and the hands of the title recur in various ways in the play. Hugo knows that he is doomed to be eternally dismissed by proletarians as a gent who does not work with his hands. Finally, Hugo's finger pulls the trigger; the lily-white hands of the intellectual upset the applecart. Hands are instruments, but they know not always what they do.

Similarly, despite the recurrent gun-play, Sartre demonstrates in *Les Mains sales* his deeper, intellectual's belief that it is words that are, in Brice Parain's phrase, 'loaded pistols', and thus have targets (*Situations* II, 1948, 74). Despite, also, Sartre's aversion from 'character', his people speak 'in character'. Hugo, in the main, speaks bookishly, at some remove from everyday reality. Hoederer, in keeping with his function, mixes it in speech; he can reconcile and command various registers, from the formal to the crude. Slick and Georges speak a stylized vernacular. The Prince utters official French: opaquely clear, euphemistic double-talk – the universal language of diplomacy. Karsky is by turns jingoistic and belligerently sentimental. The ideological conflict between these two and Hoederer is equally well a rhetorical

joust. Jessica's words flirt, swivel, keep others on tenter-
hooks. The polarized symbols favoured by Hugo: lightness
(superfluity, unreality) and heaviness (roots, responsibility,
solidity) are either meant to indicate, by their lack of clarity,
his own confusion or are simply a defect of Sartre's writing,
for, as Barnes suggests, elsewhere in his work heaviness is
also attributed to fathers, anti-semites and other *salauds*
(Barnes 1974, 86). On the whole, nevertheless, I feel that *Les
Mains sales* does not deserve the accusation of the ex-
Communist Arthur Koestler in 1945 about 'the growing
French intellectual predilection for melodious bombast'
(Koestler 1945, 82).

CONCLUSION

Though critical of ossified forms of communist practice,
Les Mains sales is not an anti-communist play. It is open-
ended. Yet it is not a matter of spineless academic caution,
but rather of honesty, to state that it is ambiguous. It can still
offer an object-lesson: the receiver of the play has to choose
an approximate interpretation, and not squat in comfort on
the horns of a dilemma. Accepting ambiguity does not entail
sitting on the fence. The play's ambiguity no doubt derives in
part from Sartre's own situation. On his way to becoming a
critical fellow-traveller of the PCF, he did not want to condemn all communist practice, and, more positively, he did
want to underline the attractiveness of communism, as he
indeed does in the figure of Hoederer. As for Hugo, Sartre
wished to criticize his idealism, while trying to understand its
motivations. None of these conditioning factors depletes
Sartre's fundamental honesty. In more purely theatrical
terms, Issacharoff also welcomes this play as an example of
the re-presentation of the present moment which is, for him,
quintessential theatre: '*Les Mains sales*, recréé à nouveau
chaque soir . . . fait renaître au présent les problèmes
politiques qu'il soulève' (Issacharoff 1978, 189). In this view,
too, the political and the theatrical intertwine organically.

Even if he allows for a bloody-minded conjunction in human affairs (Hugo finding the pair embracing), Sartre always resists fatalistic interpretations of our acts. Thus, Hugo reshapes his apparent 'fate' at the end by rejecting a dictated script. In 1970, Sartre was to make clear his stance on human freedom and its active response to conditioning:

> Je crois qu'un homme peut toujours faire quelque chose de ce qu'on a fait de lui. C'est la définition que je donnerais aujourd'hui de la liberté: ce petit mouvement qui fait d'un être social totalement conditionné une personne qui ne restitue pas la totalité de ce qu'elle a reçu de son conditionnement.   (*Situations* XI, 1976, 101–2)

But, already in *Les Mains sales*, this belief is implicitly present in the distinction drawn between Hugo and Hoederer: the first, 'un être', who only on the level of attitude eventually fights back against what is threatening to take him over; and the second, 'une personne', who more vigorously manoeuvres himself into having a real say in events. For Sartre, nearly all human beings are late developers, like Hugo. They see the truth of a situation only when it has become intolerable. They struggle within a trap. But a trap can also be a starting-gate, as greyhounds know. Sartre saw life, especially political life (though all life is compounded with politics), as a relay race: energetic, competitive, risky. He knew better than many of us that most of what we talk or argue about does not *yet* exist: true freedom (that awaits the classless society), the working class (as distinct from atomized sub-groups), Man. We talk and live hopefully. We are not piously hopeful, but still provisional rather than actual.

> The play is clearly critical of Hugo throughout, but in identifying with him the audience cannot avoid being critical of a Party leadership that merely parrots Soviet policy, resolves internal differences through assassination, and falsifies history to avoid admitting its own mistakes.   (Aronson 1980, 164)

We have, in fact, no need to identify with either man. Indeed, we are more likely to respond as proper critics if we do not. In this play, the positive hero Hoederer, who has, after all, to make more momentous decisions than Hugo, dies young – before the climax. The ensuing tableau might seem to elevate Hugo to a heroic status, though such heroism is impractical and largely symbolic. We need to ponder this, to avoid being carried away by the youthful glamour of Hugo's door-kicking gesture. We have seen how choosing your own meaning can recall the rewriting of history. Is there any choice to be made between Hugo and Hoederer? Do they represent 'un drôle d'amitié'? Would they have made a fine whole man, if combined: youth energizing maturity, idealism tempered by pragmatism?

The same speculation could be applied to Sartre and his erstwhile friend and later opponent, Camus. Camus quite simply misread the play, and claimed that the occasional tactical liar Hoederer was in essence a liar, whereas Hugo stood for honesty. A similar ingenuousness is palpable in Camus's counterpart to *Les Mains sales: Les Justes*. In both plays, a young revolutionary hesitates before assassinating a political leader seen as an enemy. Kaliayev willingly pays for his act with his own life, hoping thereby to neutralize its ethical evil, for he is 'un meurtrier délicat', a scrupulous killer. Hugo assumes his act, retrospectively. Kaliayev and his comrades wish to be exemplary. Hugo, even at the end, knows he is a one-off, pathetically or tragically alone. In football terms, which the sporting Camus would have appreciated, Sartre was the midfield player, in the thick of things, Camus the goalkeeper, the stoical blocker of avalanches. In their intellectuals' dogfight, Sartre, the Alsatian, was dogged and often vicious; Camus, the Mediterranean pariah, prone to lethargy and somewhat homeless. Sartre ended up declaring that Camus was so other-worldly, so unfitted for analysing history and politics, that he ought to emigrate to the Galapagos Islands – where giant turtles flounder (*Situations* IV, 1964, 107). Undoubtedly, until *La Chute*, largely provoked by Sartre's criticisms, Camus's world view was less harsh than Sartre's. The about-turns, the melodramatizing and exaggerating urges of Sartre are more in keeping with what we expect of high literature, or even of serious ideology: passion, not moderation. *Les Mains sales* generates and maintains tensions which *Les Justes* never begins to exert. With its crucial time limits, its deadlines which have to be met, its true dramatic interchange between protagonists, it combines the suspense of a thriller with political dialectic.

Its 'lesson' is, however, wider than politics, which is already a very comprehensive area of living. Surgeons, gardeners, miners, spouses, parents and children, bosses, soldiers of any rank – all have to dirty their hands, compromise, live against and with others, persuade and be converted. We have not only to dirty our hands, but also to sully our minds with ideas. Embroidering on a phrase of Brecht's, Sartre argues that most present-day theatre is full of madmen (on the stage or in the auditorium): 'Ils sont fous parce qu'on a choisi de couper la tête à tous ces personnages, de leur ôter la volonté, de leur ôter l'action' (Sartre 1973, 126). In this bellicose way, he defends the theatre of ideas against all who would discount it. When he said 'chaque situation est une souricière', it was in a sense that Agatha Christie never contemplated (*Situations* II, 1948, 313).

Hugo devalues his own facility with words and scorns journalism. For his part, Sartre declared that his own fine novel *La Nausée* had nothing to say when confronted with a starving child, just as Tolstoy claimed that, to a peasant, all Shakespeare was not worth a pair of boots. At the same time, Sartre accepted the (limited) value of writing in a cruel world. In all of his writings on the plastic arts, Sartre envied those who create solid objects, especially mobile ones like Alexander Calder's. Presumably, he feared the fading away of words. But *Les Mots*, his massive study of Flaubert (*L'Idiot de la famille*) and, above all, his theatre testify to the countervailing conviction that words can take on human shape and countenance; the imaginary can come real. These unreal agents can, in addition, have concrete effects. This, in fact, is Sartre's definition of literature: an imaginary domain which nonetheless holds up a critical mirror to the outside world of reality and, at its best, dissolves the untruths prevalent there 'dans un petit bain d'acide critique' (*Situations* IX, 1972, 35). Hence the haste of the Party to silence the dissenting voice of Hugo. Sartre described his dead friend, the communist who thought for himself, Paul Nizan, as a 'vigorous corpse', and, at the end of *Les Mots*, he offers the image of its author haunting us. Mauriac's description of Sartre as 'incurably harmless' could hardly be wider of its mark.

After the interventions in the Algerian crisis of the late 1950s, Sartre's activities in the 1960s were intense: anti-Vietnam demonstrations, the Bertrand Russell Tribunal on American war crimes, numerous petitions, his provocation of the French Government to arrest him as director along with the editors of underground newspapers. He was frequently in the news, still making a kind of history. When in October 1964 Sartre refused the Nobel Prize for literature, he said that he had no wish to be buried alive. When his eyesight failed and he became physically decrepit, he revealed great and good-humoured fortitude. In her memoirs, Simone de Beauvoir depicts herself and Sartre as being, before the Second World War, 'des elfes'. She meant that they were substantially unaligned and politically irresponsible. Ever after, there remained something elfin about those two ageing gnomes of Paris, those philosophical paedophiliacs, so envious of the youth of others, so caustic about their own childhood.

Les Mains sales was restaged in Paris in 1976 and in England in 1979, and enjoyed considerable success. It still speaks to audiences, in our supposedly apathetic society. As well as several troughs, there are peaks in Sartre's political writing, and *Les Mains sales* is one of them. While Sartre was as aware as any of his many critics that his work sometimes suffered from what he called 'hernias of the pen' (*Situations* IX, 1972, 11-12), the best of it needs no truss. He invented questionable heroes. He was one himself. His hours of glory were always riddled with ambiguity: the bomb attack on his flat during the Algerian War, or the signal honour of having 5000 fascistic ex-servicemen parading up the Champs-Elysées chanting: 'Sartre for the firing-squad!' Physically a near-dwarf, in character and performance Sartre was a giant. Often a clumsy, bull-headed one, but a giant all the same. He makes most French writers and, in particular playwrights, of the twentieth century look puny by comparison.

NOTES TO THE INTRODUCTION

1 George Orwell (1966) *Collected Essays*, London, Mercury, p. 221.
2 Though, see *Les Mots* p. 13: 'Je ne suis pas un chef, ni n'aspire à le devenir. . . . De ma vie je n'ai donné d'ordre sans rire, sans faire rire; c'est que je ne suis pas rongé par le chancre du pouvoir'.
3 This is frequently the anti-intellectual Anglo-Saxon tack, perhaps best illustrated by the unthinking headline: 'Incest more common than thought in Great Britain'.
4 This attitude repeats that of the procrastinating Mathieu in the face of the committed communist, Brunet, in Sartre's *L'Age de raison* (p. 126): 'Tout ce que tu touches a l'air réel. Depuis que tu es dans ma chambre, elle me paraît vraie et elle me dégoûte.' (Mathieu and Brunet are somewhat parodied versions of Sartre and Nizan, and Brunet will later, in a criss-cross pattern, become more troubled, as Mathieu will grow more focused on action.)
5 See Michael Billington's review of *The Assassin* in the *Guardian*, 11 April 1979.

SELECT BIBLIOGRAPHY

Aronson, R. (1980) *Jean-Paul Sartre: Philosophy in the World*, London, Verso.

Barnes, H. (1974) *Sartre*, London, Quartet.

de Beauvoir, S. (1963) *La Force des choses*, Paris, Gallimard.

Brombert, V. (1964) 'Sartre and the drama of ensnarement' in J. Gassner (ed.) *Ideas in the Drama*, New York, Columbia University Press, 155-74.

Champigny, R. (1982) *Sartre and Drama*, York, South Carolina, French Literature Publications Co.

Contat, M. and Rybalka, M. (eds) (1970) *Les Écrits de Sartre*, Paris, Gallimard.

Cranston, M. (1962) *Sartre*, Edinburgh, Oliver & Boyd.

Hobson, H. (1953) *The French Theatre Today*, London, Harrap.

Hollier, D. (1982) *Politique de la prose*, Paris, Gallimard.

Issacharoff, M. (1978) 'Éthique et dramaturgie: la théâtralité du théâtre de Sartre (l'exemple des *Mains sales*)' in M. Cagnon (ed.) *Éthique et esthétique dans la littérature française du XXe siècle*, Saratoga, Ca., Anma Libri, 183-90.

Jeanson, F. (1964) *Sartre par lui-même*, Paris, Seuil.

Koestler, A. (1945) *The Yogi and the Commissar*, London, Cape.

Lorris, R. (1975) *Sartre dramaturge*, Paris, Nizet.

McCall, D. (1969) *The Theatre of Jean-Paul Sartre*, New York, Columbia University Press.

McMahon, J. (1971) *Humans Being: The World of J.-P. Sartre*, Chicago University Press.

Sicard, M. (ed.) (1979) 'Sartre inédit', *Obliques*, 18-19.

Thody, P. (1971) *Sartre*, London, Studio Vista.

Verstraeten, P. (1972) *Violence et éthique*, Paris, Gallimard.

SELECT LIST OF WORKS BY SARTRE

Philosophy

L'Imaginaire, 1940.
L'Être et le néant, 1943 (first major philosophical work).
L'Existentialisme est un humanisme, 1946 (popularizing account).
Critique de la raison dialectique, 1960 (second major work).

Essays and criticism

Réflexions sur la question juive, 1946.
Situations, 10 vols, 1947–76.
Baudelaire, 1947.
Saint Genet, comédien et martyr, 1952.
L'Idiot de la famille, 3 vols, 1971–2 (study of Flaubert).
Un Théâtre de situations (ed. M. Contat and M. Rybalka), 1973.

Novels and short stories

La Nausée, 1938.
Le Mur, 1939.
Les Chemins de la liberté
  1 *L'Age de raison*, 1945.
  2 *Le Sursis*, 1945.
  3 *La Mort dans l'âme*, 1949.

Plays (with publication dates)

Les Mouches, 1943.
Huis clos, 1945.
Morts sans sépulture, 1946.
La Putain respectueuse, 1946.
Les Mains sales, 1948.
L'Engrenage, 1948.
Le Diable et le Bon Dieu, 1951.
Nekrassov, 1956.
Les Séquestrés d'Altona, 1960.

Autobiography

Les Mots, 1964.

LES MAINS SALES

TABLEAUX

PERSONNAGES

Hoederer
Hugo
Olga
Jessica
Louis
Le Prince
Karsky
Slick
Georges
Charles
Frantz
Ivan

PREMIER TABLEAU

CHEZ OLGA

Le rez-de-chaussée d'une maisonnette, au bord de la grand-route. A droite, la porte d'entrée et une fenêtre dont les volets sont clos. Au fond, le téléphone sur une commode. A gauche, vers le fond, une porte. Table, chaises. Mobilier hétéroclite et bon marché. On sent que la personne qui vit dans cette pièce est totalement indifférente aux meubles. Sur la gauche, à côté de la porte, une cheminée: au-dessus de la cheminée une glace. Des autos passent de temps en temps sur la route. Trompes. Klaxons.

SCÈNE PREMIÈRE

OLGA, *puis* HUGO

Olga, seule, assise devant un poste de T.S.F., manœuvre les boutons de la radio. Brouillage,* puis une voix assez distincte.

SPEAKER: Les armées allemandes battent en retraite sur toute la largeur du front. Les armées soviétiques se sont emparées de Kischnar à quarante kilomètres de la frontière illyrienne. Partout où elles le peuvent les troupes illyriennes refusent le combat; de nombreux transfuges sont déjà passés du côté des Alliés. Illyriens, nous savons qu'on vous a contraints de prendre les armes contre l'U.R.S.S., nous connaissons les sentiments profondément démocratiques de la population illyrienne et nous . . .

> (*Olga tourne le bouton, la voix s'arrête. Olga reste immobile, les yeux fixes. Un temps. On frappe. Elle sursaute. On frappe encore. Elle va lentement à la porte. On frappe de nouveau*)

OLGA: Qui est-ce?

VOIX DE HUGO: Hugo.

OLGA: Qui?

VOIX DE HUGO: Hugo Barine. (*Olga a un bref sursaut, puis elle reste immobile devant la porte*) Tu ne reconnais pas ma voix? Ouvre, voyons! Ouvre-moi.

> (*Olga va rapidement vers la commode . . . prend un objet de la main gauche, dans le tiroir, s'entoure la main gauche d'une serviette, va ouvrir la porte, en se rejetant vivement en arrière, pour éviter les surprises. Un grand garçon de vingt-trois ans se tient sur le seuil*)

HUGO: C'est moi. (*Ils se regardent un moment en silence*) Ça t'étonne?

OLGA: C'est ta tête* qui m'étonne.

HUGA: Oui. J'ai changé. (*Un temps*) Tu m'as bien vu? Bien reconnu? Pas d'erreur possible? (*Désignant le revolver caché sous la serviette*) Alors, tu peux poser ça.

OLGA: (*sans poser le revolver*) Je croyais que tu en avais pour cinq ans.

HUGO: Eh bien oui: j'en avais pour cinq ans.

OLGA: Entre et ferme la porte. (*Elle recule d'un pas. Le revolver n'est pas tout à fait braqué sur Hugo mais il s'en faut de peu. Hugo jette un regard amusé au revolver et tourne lentement le dos à Olga, puis ferme la porte)* Évadé?

HUGO: Évadé? Je ne suis pas fou. Il a fallu qu'on me pousse dehors, par les épaules. *(Un temps)* On m'a libéré pour ma bonne conduite.

OLGA: Tu as faim?

HUGO: Tu aimerais, hein?

OLGA: Pourquoi?

HUGO: C'est si commode de donner: ça tient à distance. Et puis on a l'air inoffensif quand on mange. *(Un temps)* Excuse-moi: je n'ai ni faim ni soif.

OLGA: Il suffisait de dire non.

HUGO: Tu ne te rappelles donc pas: je parlais trop.

OLGA: Je me rappelle.

HUGO: *(regarde autour de lui)* Quel désert! Tout est là, pourtant. Ma machine à écrire?

OLGA: Vendue.

HUGO: Ah? *(Un temps. Il regarde la pièce)* C'est vide.

OLGA: Qu'est-ce qui est vide?

HUGO: *(geste circulaire)* Ça! Ces meubles ont l'air posés dans un désert. Là-bas, quand j'étendais les bras je pouvais toucher à la fois les deux murs qui se faisaient face. Rapproche-toi. *(Elle ne se rapproche pas)* C'est vrai; hors de prison on vit à distance respectueuse. Que d'espace perdu! C'est drôle d'être libre, ça donne le vertige. Il faudra que je reprenne l'habitude de parler aux gens sans les toucher.

OLGA: Quand t'ont-ils lâché?

HUGO: Tout à l'heure.

OLGA: Tu es venu ici directement?

HUGO: Où voulais-tu que j'aille?

OLGA: Tu n'as parlé à personne?

(*Hugo la regarde et se met à rire*)

HUGO: Non, Olga. Non. Rassure-toi. A personne.

(*Olga se détend un peu et le regarde*)

OLGA: Ils ne t'ont pas rasé la tête.

HUGO: Non.

OLGA: Mais ils ont coupé ta mèche.

(*Un temps*)

HUGO: Ça te fait plaisir de me revoir?

OLGA: Je ne sais pas. (*Une auto sur la route. Klaxon; bruit de moteurs. Hugo tressaille. L'auto s'éloigne. Olga l'observe froidement*) Si c'est vrai qu'ils t'ont libéré, tu n'as pas besoin d'avoir peur.

HUGO: (*ironiquement*) Tu crois? (*Il hausse les épaules. Un temps*) Que devient Louis?

OLGA: Ça va.

HUGO: Et Laurent?

OLGA: Il . . . n'a pas eu de chance.

HUGO: Je m'en doutais.* Je ne sais pas pourquoi, j'avais pris l'habitude de penser à lui comme à un mort. Il doit y avoir du changement.

OLGA: C'est devenu beaucoup plus dur depuis que les Allemands sont ici.

HUGO: (*avec indifférence*) C'est vrai. Ils sont ici.

OLGA: Depuis trois mois. Cinq divisions. En principe elles traversaient pour aller en Hongrie. Et puis elles sont restées.

HUGO: Ah! Ah! (*Avec intérêt*) Il y a des nouveaux chez vous?

OLGA: Beaucoup.

HUGO: Des jeunes?

OLGA: Pas mal de jeunes. On ne recrute pas tout à fait de la

même façon. Il y a des vides à combler: nous sommes
. . . moins stricts.

HUGO: Oui, bien sûr: il faut s'adapter. (*Avec une légère
inquiétude*) Mais pour l'essentiel, c'est la même ligne?

OLGA: (*embarrassée*) Eh bien . . . en gros, naturellement.

HUGO: Enfin voilà: vous avez vécu. On s'imagine mal, en
prison, que les autres continuent à vivre. Il y a quelqu'un
dans ta vie?

OLGA: De temps en temps. (*Sur un geste d'Hugo*) Pas en ce
moment.

HUGO: Est-ce . . . que vous parliez de moi quelquefois?

OLGA: (*mentant mal*) Quelquefois.

HUGO: Ils arrivaient la nuit sur leurs vélos, comme de mon
temps, ils s'asseyaient autour de la table, Louis bourrait sa
pipe et quelqu'un disait: C'est par une nuit pareille que le
petit s'est proposé pour une mission de confiance?

OLGA: Ça ou autre chose.

HUGO: Et vous disiez: il s'en est bien tiré, il a fait sa besogne
proprement et sans compromettre personne.

OLGA: Oui. Oui. Oui.

HUGO: Quelquefois, la pluie me réveillait; je me disais: ils
auront de l'eau; et puis, avant de me rendormir: c'est
peut-être cette nuit-ci qu'ils parleront de moi. C'était ma
principale supériorité sur les morts: je pouvais encore
penser que vous pensiez à moi. (*Olga lui prend le bras
d'un geste involontaire et maladroit. Ils se regardent. Olga
lâche le bras d'Hugo. Hugo se raidit un peu*) Et puis, un
jour, vous vous êtes dit: il en a encore pour trois ans et
quand il sortira (*Changeant de ton sans quitter Olga des
yeux*) . . . quand il sortira on l'abattra comme un chien
pour sa récompense.

OLGA: (*reculant brusquement*) Tu es fou?

HUGO: Allons, Olga! Allons! (*Un temps*) C'est toi qu'ils ont
chargée de m'envoyer les chocolats?

OLGA: Quels chocolats?

HUGO: Allons, allons!

OLGA: (*impérieusement*) Quels chocolats?

HUGO: Des chocolats à la liqueur, dans une boîte rose. Pendant six mois un certain Dresch m'a expédié régulièrement des colis. Comme je ne connaissais personne de ce nom, j'ai compris que les colis venaient de vous et ça m'a fait plaisir. Ensuite les envois ont cessé et je me suis dit: ils m'oublient. Et puis, voici trois mois, un paquet est arrivé, du même expéditeur, avec des chocolats et des cigarettes. J'ai fumé les cigarettes et mon voisin de cellule a mangé les chocolats. Le pauvre type s'en est très mal trouvé. Très mal. Alors j'ai pensé: ils ne m'oublient pas.

OLGA: Après?

HUGO: C'est tout.

OLGA: Hoederer avait des amis qui ne doivent pas te porter dans leur cœur.

HUGO: Ils n'auraient pas attendu deux ans pour me le faire savoir. Non, Olga, j'ai eu tout le temps de réfléchir à cette histoire et je n'ai trouvé qu'une seule explication: au début le Parti pensait que j'étais encore utilisable et puis il a changé d'avis.

OLGA: (*sans dureté*) Tu parles trop, Hugo. Toujours trop. Tu as besoin de parler pour te sentir vivre.

HUGO: Je ne te le fais pas dire:* je parle trop, j'en sais trop long, et vous n'avez jamais eu confiance en moi. Il n'y a pas besoin de chercher plus loin. (*Un temps*) Je ne vous en veux pas, tu sais. Toute cette histoire était mal commencée.

OLGA: Hugo, regarde-moi. Tu penses ce que tu dis? (*Elle le regarde*) Oui, tu le penses. (*Violemment*) Alors, pourquoi es-tu venu chez moi? Pourquoi? Pourquoi?

HUGO: Parce que *toi* tu ne pourras pas tirer sur moi. (*Il regarde le revolver qu'elle tient encore et sourit*) Du moins je le suppose. (*Olga jette avec humeur le revolver entouré de son chiffon sur la table*) Tu vois.

OLGA: Écoute, Hugo: je ne crois pas un mot de ce que tu m'as raconté et je n'ai pas reçu d'ordre à ton sujet. Mais si jamais j'en reçois, tu dois savoir que je ferai ce qu'on me commandera. Et si quelqu'un du Parti m'inter oge, je leur dirai que tu es ici, même si l'on devait te descendre sous mes yeux. As-tu de l'argent?

HUGO: Non.

OLGA: Je vais t'en donner et tu t'en iras.

HUGO: Où? Traîner dans les petites rues du port ou sur les docks? L'eau est froide, Olga. Ici, quoi qu'il arrive, il y a de la lumière et il fait chaud. Ce sera une fin plus confortable.

OLGA: Hugo, je ferai ce que le Parti me commandera. Je te jure que je ferai ce qu'il me commandera.

HUGO: Tu vois bien que c'est vrai.

OLGA: Va-t'en.

HUGO: Non. (*Imitant Olga*) "Je ferai ce que le Parti me commandera." Tu auras des surprises. Avec la meilleure volonté du monde, ce qu'on fait, ce n'est jamais ce que le Parti vous commande. "Tu iras chez Hoederer et tu lui lâcheras trois balles dans le ventre." Voilà un ordre simple, n'est-ce pas? J'ai été chez Hoederer et je lui ai lâché trois balles dans le ventre. Mais c'était autre chose. L'ordre? Il n'y avait plus d'ordre. Ça vous laisse tout seul les ordres, à partir d'un certain moment. L'ordre était resté en arrière et je m'avançais seul et j'ai tué tout seul et . . . et je ne sais même plus pourquoi. Je voudrais que le Parti te commande de tirer sur moi. Pour voir. Rien que pour voir.

OLGA: Tu verrais. (*Un temps*) Qu'est-ce que tu vas faire à présent?

HUGO: Je ne sais pas. Je n'y ai pas pensé. Quand ils ont ouvert la porte de la prison j'ai pensé que je viendrais ici et je suis venu.

OLGA: Où est Jessica?

HUGO: Chez son père. Elle m'a écrit quelquefois, les premiers temps. Je crois qu'elle ne porte plus mon nom.

OLGA: Où veux-tu que je te loge? Il vient tous les jours des camarades. Ils entrent comme ils veulent.

HUGO: Dans ta chambre aussi?

OLGA: Non.

HUGO: Moi, j'y entrais. Il y avait une courtepointe rouge sur le divan, aux murs un papier à losanges jaunes et verts, deux photos dont une de moi.

OLGA: C'est un inventaire?

HUGO: Non: je me souviens. J'y pensais souvent. La seconde photo m'a donné du fil à retordre:* je ne sais plus de qui elle était.

> (*Une auto passe sur la route, il sursaute. Ils se taisent tous les deux. L'auto s'arrête. Claquement de portière. On frappe*)

OLGA: Qui est là?

VOIX DE CHARLES: C'est Charles.

HUGO: (*à voix basse*) Qui est Charles?

OLGA: (*même jeu*) Un type de chez nous.

HUGO: (*la regardant*) Alors?

> (*Un temps très court. Charles frappe à nouveau*)

OLGA: Eh bien? Qu'est-ce que tu attends? Va dans ma chambre: tu pourras compléter tes souvenirs.

> (*Hugo sort. Olga va ouvrir*)

SCÈNE II

OLGA, CHARLES *et* FRANTZ

CHARLES: Où est-il?

OLGA: Qui?

CHARLES: Ce type. On le suit depuis sa sortie de taule. (*Bref silence*) Il n'est pas là?

OLGA: Si. Il est là.

CHARLES: Où?

OLGA: Là.

> (*Elle désigne sa chambre*)

CHARLES: Bon.

> (*Il fait signe à Frantz de le suivre, met la main dans la poche de son veston et fait un pas en avant. Olga lui barre la route*)

OLGA: Non.

CHARLES: Ça ne sera pas long, Olga. Si tu veux, va faire un tour sur la route. Quand tu reviendras tu ne trouveras plus personne et pas de traces. (*Désignant Frantz*) Le petit est là pour nettoyer.

OLGA: Non.

CHARLES: Laisse-moi faire mon boulot, Olga.

OLGA: C'est Louis qui t'envoie?

CHARLES: Oui.

OLGA: Où est-il?

CHARLES: Dans la voiture.

OLGA: Va le chercher. (*Charles hésite*) Allons! Je te dis d'aller le chercher.

> (*Charles fait un signe et Frantz disparaît. Olga et Charles restent face à face, en silence. Olga sans quitter Charles des yeux ramasse sur la table la serviette enveloppant le revolver*)

SCÈNE III

LOUIS: Qu'est-ce qui te prend? Pourquoi les empêches-tu de faire leur travail?

OLGA: Vous êtes trop pressés.

LOUIS: Trop pressés?

OLGA: Renvoie-les.

LOUIS: Attendez-moi dehors. Si j'appelle, vous viendrez. (*Ils sortent*) Alors? Qu'est-ce que tu as à me dire?

(*Un temps*)

OLGA: (*doucement*) Louis, il a travaillé pour nous.

LOUIS: Ne fais pas l'enfant, Olga. Ce type est dangereux. Il ne faut pas qu'il parle.

OLGA: Il ne parlera pas.

LOUIS: Lui? C'est le plus sacré bavard . . .

OLGA: Il ne parlera pas.

LOUIS: Je me demande si tu le vois comme il est. Tu as toujours eu un faible pour lui.

OLGA: Et toi un faible contre lui. (*Un temps*) Louis, je ne t'ai pas fait venir pour que nous parlions de nos faiblesses; je te parle dans l'intérêt du Parti. Nous avons perdu beaucoup de monde depuis que les Allemands sont ici. Nous ne pouvons pas nous permettre de liquider ce garçon sans même examiner s'il est récupérable.*

LOUIS: Récupérable? C'était un petit anarchiste indiscipliné, un intellectuel qui ne pensait qu'à prendre des attitudes, un bourgeois qui travaillait quand ça lui chantait* et qui laissait tomber le travail pour un oui, pour un non.

OLGA: C'est aussi le type qui, à vingt ans, a descendu

Hoederer au milieu de ses gardes du corps et s'est arrangé pour camoufler un assassinat politique en crime passionnel.

LOUIS: Était-ce un assassinat politique? C'est une histoire qui n'a jamais été éclaircie.

OLGA: Eh bien, justement: c'est une histoire qu'il faut éclaircir à présent.

LOUIS: C'est une histoire qui pue; je ne voudrais pas y toucher. Et puis, de toute façon je n'ai pas le temps de lui faire passer un examen.

OLGA: Moi, j'ai le temps. (*Geste de Louis*) Louis, j'ai peur que tu ne mettes trop de sentiment dans cette affaire.

LOUIS: Olga, j'ai peur que tu n'en mettes beaucoup trop, toi aussi.

OLGA: M'as-tu jamais vu céder aux sentiments? Je ne te demande pas de lui laisser la vie sans conditions. Je me moque de sa vie. Je dis seulement qu'avant de le supprimer on doit examiner si le Parti peut le reprendre.

LOUIS: Le Parti ne peut plus le reprendre: plus maintenant. Tu le sais bein.

OLGA: Il travaillait sous un faux nom et personne ne le connaissait sauf Laurent, qui est mort, et Dresden, qui est au front. Tu as peur qu'il ne parle? Bien encadré,* il ne parlera pas. C'est un intellectuel et un anarchiste? Oui, mais c'est aussi un désespéré. Bien dirigé, il peut servir d'homme de main pour toutes les besognes. Il l'a prouvé.

LOUIS: Alors? Qu'est-ce que tu proposes?

OLGA: Quelle heure est-il?

LOUIS: Neuf heures.

OLGA: Revenez à minuit. Je saurai pourquoi il a tiré sur Hoederer, et ce qu'il est devenu aujourd'hui. Si je juge en conscience qu'il peut travailler avec nous, je vous le dirai à travers la porte, vous le laisserez dormir tranquille et vous lui donnerez vos instructions demain matin.

LOUIS: Et s'il n'est pas récupérable?

OLGA: Je vous ouvrirai la porte.

LOUIS: Gros risque pour peu de chose.

OLGA: Quel risque? Il y a des hommes autour de la maison?

LOUIS: Quatre.

OLGA: Qu'ils restent en faction jusqu'à minuit. (*Louis ne bouge pas*) Louis, il a travaillé pour nous. Il faut lui laisser sa chance.

LOUIS: Bon. Rendez-vous à minuit.

    (*Il sort*)

SCÈNE IV

OLGA, *puis* HUGO

Olga va à la porte et l'ouvre. Hugo sort.

HUGO: C'etait ta sœur.

OLGA: Quoi?

HUGO: La photo sur le mur. C'était celle de ta sœur. (*Un temps*) Ma photo à moi, tu l'as ôtée. (*Olga ne répond pas. Il la regarde*) Tu fais une drôle de tête. Qu'est-ce qu'ils voulaient?

OLGA: Ils te cherchent.

HUGO: Ah! Tu leur as dit que j'étais ici?

OLGA: Oui.

HUGO: Bon.

    (*Il va pour sortir*)

OLGA: La nuit est claire et il y a des camarades autour de la maison.

HUGO: Ah? (*Il s'assied à la table*) Donne-moi à manger.

(Olga va chercher une assiette, du pain et du jambon. Pendant qu'elle dispose l'assiette et les aliments sur la table, devant lui, il parle)

HUGO: Je ne me suis pas trompé, pour ta chambre. Pas une fois. Tout est comme dans mon souvenir. (*Un temps*) Seulement quand j'étais en taule, je me disais: c'est un souvenir. La vraie chambre est là-bas, de l'autre côté du mur. Je suis entré, j'ai regardé ta chambre et elle n'avait pas l'air plus vraie que mon souvenir. La cellule aussi, c'était un rêve. Et les yeux de Hoederer, le jour où j'ai tiré sur lui. Tu crois que j'ai une chance de me réveiller? Peut-être quand tes copains viendront sur moi avec leurs joujoux . . .

OLGA: Ils ne te toucheront pas tant que tu seras ici.

HUGO: Tu as obtenu ça? (*Il se verse un verre de vin*) Il faudra bien que je finisse par sortir.

OLGA: Attends. Tu as une nuit. Beaucoup de choses peuvent arriver en une nuit.

HUGO: Que veux-tu qu'il arrive?

OLGA: Des choses peuvent changer.

HUGO: Quoi?

OLGA: Toi. Moi.

HUGO: Toi?

OLGA: Ça dépend de toi.

HUGO: Il s'agit que je te change?

(Il rit, la regarde, se lève et vient vers elle. Elle s'écarte vivement)

OLGA: Pas comme ça. Comme ça, on ne me change que quand je veux bien.

(Un temps. Hugo hausse les épaules et se rassied. Il commence à manger)

HUGO: Alors?

OLGA: Pourquoi ne reviens-tu pas avec nous?

HUGO: (*se mettant à rire*) Tu choisis bien ton moment pour me demander ça.

OLGA: Mais si c'était possible? Si toute cette histoire reposait sur un malentendu? Tu ne t'es jamais demandé ce que tu ferais, à ta sortie de prison?

HUGO: Je n'y pensais pas.

OLGA: A quoi pensais-tu?

HUGO: A ce que j'ai fait. J'essayais de comprendre pourquoi je l'avais fait.

OLGA: As-tu fini par comprendre? (*Hugo hausse les épaules*) Comment est-ce arrivé, avec Hoederer? C'est vrai qu'il tournait autour de Jessica?

HUGO: Oui.

OLGA: C'est par jalousie que . . .

HUGO: Je ne sais pas. Je . . . ne crois pas.

OLGA: Raconte.

HUGO: Quoi?

OLGA: Tout. Depuis le début.

HUGO: Raconter, ça ne sera pas difficile: c'est une histoire que je connais par cœur; je me la répétais tous les jours en prison. Quant à dire ce qu'elle signifie, c'est une autre affaire. C'est une histoire idiote, comme toutes les histoires. Si tu la regardes de loin, elle se tient à peu près;* mais si tu te rapproches, tout fout le camp.* Un acte ça va trop vite. Il sort de toi brusquement et tu ne sais pas si c'est parce que tu l'as voulu ou parce que tu n'as pas pu le retenir. Le fait est que j'ai tiré . . .

OLGA: Commence par le commencement.

HUGO: Le commencement, tu le connais aussi bien que moi. D'ailleurs est-ce qu'il y en a un? On peut commencer l'histoire en mars 43 quand Louis m'a convoqué. Ou bien un an plus tôt quand je suis entré au Parti. Ou peut-être plus tôt encore, à ma naissance. Enfin bon.

Supposons que tout a commencé en mars 1943.

(Pendant qu'il parle l'obscurité se fait peu à peu sur la scène)

Rideau

DEUXIÈME TABLEAU

Même décor, deux ans plus tôt, chez Olga. C'est la nuit. Par la porte du fond, côté cour, on entend un bruit de voix, une rumeur qui tantôt monte et tantôt s'évanouit comme si plusieurs personnes parlaient avec animation.

SCÈNE PREMIÈRE

HUGO, IVAN

Hugo tape à la machine. Il paraît beaucoup plus jeune que dans la scène précédente. Ivan se promène de long en large.

IVAN: Dis!

HUGO: Eh?

IVAN: Tu ne pourrais pas t'arrêter de taper?

HUGO: Pourquoi?

IVAN: Ça m'énerve.

HUGO: Tu n'as pourtant pas l'air d'un petit nerveux.

IVAN: Ben non. Mais en ce moment ça m'énerve. Tu peux pas me causer?

HUGO: (*avec empressement*) Moi, je ne demande pas mieux. Comment t'appelles-tu?

IVAN: Dans la clandestinité, je suis Ivan. Et toi?

HUGO: Raskolnikoff.*

IVAN: (*riant*) Tu parles d'un nom.*

HUGO: C'est mon nom dans le Parti.

IVAN: Où c'est que tu l'as pêché?

HUGO: C'est un type dans un roman.

IVAN: Qu'est-ce qu'il fait?

HUGO: Il tue.

IVAN: Ah! Et tu as tué, toi?

HUGO: Non. (*Un temps*) Qui est-ce qui t'a envoyé ici?

IVAN: C'est Louis.

HUGO: Et qu'est-ce que tu dois faire?

IVAN: Attendre qu'il soit dix heures.

HUGO: Et après?

> (*Geste d'Ivan pour indiquer que Hugo ne doit pas l'interroger. Rumeur qui vient de la pièce voisine. On dirait une dispute*)

IVAN: Qu'est-ce qu'ils fabriquent les gars, là-dedans?

> (*Geste de Hugo qui imite celui d'Ivan, plus haut, pour indiquer qu'on ne doit pas l'interroger*)

HUGO: Tu vois: ce qu'il y a d'embêtant, c'est que la conversation ne peut pas aller bien loin.

> (*Un temps*)

IVAN: Il y a longtemps que tu es au Parti?

HUGO: Depuis 42; ça fait un an. J'y suis entré quand le Régent a déclaré la guerre à l'U.R.S.S. Et toi?

IVAN: Je ne me rappelle même plus. Je crois bien que j'y ai toujours été. (*Un temps*) C'est toi qui fais le journal?

HUGO: Moi et d'autres.

IVAN: Il me passe souvent par les pattes mais je ne le lis pas. C'est pas votre faute mais vos nouvelles sont en retard de huit jours sur la B.B.C. ou la Radio Soviétique.

HUGO: Où veux-tu qu'on les prenne, les nouvelles? On est comme vous, on les écoute à la Radio.

IVAN: Je ne dis pas.* Tu fais ton boulot, il n'y a rien à te reprocher. (*Un temps*) Quelle heure est-il?

HUGO: Dix heures moins cinq.

IVAN: Ouf.

> (*Il bâille*)

HUGO: Qu'est-ce que tu as?

IVAN: Rien.

HUGO: Tu ne te sens pas bien.

IVAN: Si. Ça va.

HUGO: Tu n'as pas l'air à ton aise.

IVAN: Ça va, je te dis. Je suis toujours comme ça avant.

HUGO: Avant quoi?

IVAN: Avant rien. (*Un temps*) Quand je serai sur mon vélo, ça ira mieux. (*Un temps*) Je me sens trop doux. Je ne ferais pas de mal à une mouche.

> (*Il bâille. Entre Olga, par la porte d'entrée*)

SCÈNE II

Les mêmes, OLGA

Elle pose une valise près de la porte.

OLGA: (*à Ivan*) Voilà. Tu pourras la fixer sur ton porte-bagage?

IVAN: Montre. Oui. Très bien.

OLGA: Il est dix heures. Tu peux filer. On t'a dit pour le barrage* et la maison?

IVAN: Oui.

OLGA: Alors bonne chance.

IVAN: Parle pas de malheur. (*Un temps*) Tu m'embrasses?

OLGA: Bien sûr.

    (*Elle l'embrasse sur les deux joues*)

IVAN: (*il va prendre la valise et se retourne au moment de
sortir. Avec une emphase comique*) Au revoir, Raskolnikoff.

HUGO: (*en souriant*) Va au diable.

    (*Ivan sort*)

SCÈNE III

HUGO, OLGA

OLGA: Tu n'aurais pas dû lui dire d'aller au diable.

HUGO: Pourquoi?

OLGA: Ce ne sont pas des choses qu'on dit.

HUGO: (*étonné*) Toi, Olga, tu es superstitieuse?

OLGA: (*agacée*) Mais non.

    (*Hugo la regarde attentivement*)

HUGO: Qu'est-ce qu'il va faire?

OLGA: Tu n'as pas besoin de le savoir.

HUGO: Il va faire sauter le pont de Korsk?

OLGA: Pourquoi veux-tu que je te le dise? En cas de coup
dur,* moins tu en sauras, mieux ça vaudra.

HUGO: Mais tu le sais, toi, ce qu'il va faire?

OLGA: (*haussant les épaules*) Oh! moi . . .

HUGO: Bien sûr: toi, tu tiendras ta langue. Tu es comme Louis: ils te tueraient sans que tu parles. (*Un bref silence*) Qui vous prouve que je parlerais? Comment pourrez-vous me faire confiance si vous ne me mettez pas à l'épreuve?

OLGA: Le Parti n'est pas une école du soir. Nous ne cherchons pas à t'éprouver mais à t'employer selon ta compétence.

HUGO: (*désignant la machine à écrire*) Et ma compétence, c'est ça?

OLGA: Saurais-tu déboulonner des rails?

HUGO: Non.

OLGA: Alors? (*Un silence. Hugo se regarde dans la glace*) Tu te trouves beau?

HUGO: Je regarde si je ressemble à mon père. (*Un temps*) Avec des moustaches, ce serait frappant.

OLGA: (*haussant les épaules*) Après?

HUGO: Je n'aime pas mon père.

OLGA: On le sait.

HUGO: Il m'a dit: "Moi aussi, dans mon temps, j'ai fait partie d'un groupe révolutionnaire; j'écrivais dans leur journal. Ça te passera comme ça m'a passé . . ."

OLGA: Pourquoi me racontes-tu ça?

HUGO: Pour rien. J'y pense chaque fois que je me regarde dans une glace. C'est tout.

OLGA: (*désignant la porte de la salle de réunion*) Louis est là-dedans?

HUGO: Oui.

OLGA: Et Hoederer?

HUGO: Je ne le connais pas, mais je suppose. Qui est-ce au juste?

OLGA: C'était un député du Landstag* avant la dissolution. A présent il est secrétaire du Parti. Hoederer, ça n'est pas son vrai nom.

HUGO: Quel est son vrai nom?

OLGA: Je t'ai déjà dit que tu étais trop curieux.

HUGO: Ça crie fort. Ils ont l'air de se bagarrer.

OLGA: Hoederer a réuni le comité pour le faire voter sur une proposition.

HUGO: Quelle proposition?

OLGA: Je ne sais pas. Je sais seulement que Louis est contre.

HUGO: (*souriant*) Alors, s'il est contre, je suis contre aussi. Pas besoin de savoir de quoi il s'agit. (*Un temps*) Olga, il faut que tu m'aides.

OLGA: A quoi?

HUGO: A convaincre Louis qu'il me fasse faire de l'action directe. J'en ai assez d'écrire pendant que les copains se font tuer.

OLGA: Tu cours des risques, toi aussi.

HUGO: Pas les mêmes. (*Un temps*) Olga, je n'ai pas envie de vivre.

OLGA: Vraiment? Pourquoi?

HUGO: (*geste*) Trop difficile.

OLGA: Tu es marié, pourtant.

HUGO: Bah!

OLGA: Tu aimes ta femme.

HUGO: Oui. Bien sûr. (*Un temps*) Un type qui n'a pas envie de vivre, ça doit pouvoir servir, si on sait l'utiliser. (*Un temps. Cris et rumeurs qui viennent de la salle de réunion*) Ça va mal, là-dedans.

OLGA: (*inquiète*) Très mal.

SCÈNE IV

Les mêmes, LOUIS

La porte s'ouvre. Louis sort avec deux autres hommes qui passent rapidement, ouvrent la porte d'entrée et sortent.

LOUIS: C'est fini.

OLGA: Hoederer?

LOUIS: Il est parti par derrière avec Boris et Lucas.

OLGA: Alors?

LOUIS: (*hausse les épaules sans répondre. Un temps. Puis*) Les salauds!

OLGA: Vous avez voté?

LOUIS: Oui. (*Un temps*) Il est autorisé à engager les pourparlers. Quand il reviendra avec des offres précises, il emportera le morceau.*

OLGA: A quand la prochaine réunion?

LOUIS: Dans dix jours. Ça nous donne toujours une semaine. (*Olga lui désigne Hugo*) Quoi? Ah! oui . . . Tu es encore là, toi? (*Il le regarde et reprend distraitement*) Tu es encore là . . . (*Hugo fait un geste pour s'en aller*) Reste. J'ai peut-être du travail pour toi. (*A Olga*) Tu le connais mieux que moi. Qu'est-ce qu'il vaut?

OLGA: Ça peut aller.

LOUIS: Il ne risque pas de se dégonfler?*

OLGA: Sûrement pas. Ce serait plutôt . . .

LOUIS: Quoi?

OLGA: Rien. Ça peut aller.

LOUIS: Bon. (*Un temps*) Ivan est parti?

OLGA: Il y a un quart d'heure.

LOUIS: Nous sommes aux premières loges:* on entendra

l'explosion d'ici. (*Un temps. Il revient vers Hugo*) Il paraît que tu veux *agir*?

HUGO: Oui.

LOUIS: Pourquoi?

HUGO: Comme ça.

LOUIS: Parfait. Seulement tu ne sais rien faire de tes dix doigts.

HUGO: En effet. Je ne sais rien faire.

LOUIS: Alors?

HUGO: En Russie, à la fin de l'autre siècle, il y avait des types qui se plaçaient sur le passage d'un grand-duc avec une bombe dans leur poche. La bombe éclatait, le grand-duc sautait et le type aussi. Je peux faire ça.

LOUIS: C'étaient des anars.* Tu en rêves parce que tu es comme eux: un intellectuel anarchiste. Tu as cinquante ans de retard: le terrorisme, c'est fini.

HUGO: Alors je suis un incapable.

LOUIS: Dans ce domaine-là, oui.

HUGO: N'en parlons plus.

LOUIS: Attends. (*Un temps*) Je vais peut-être te trouver quelque chose à faire.

HUGO: Du *vrai* travail?

LOUIS: Pourquoi pas?

HUGO: Et tu me ferais *vraiment* confiance?

LOUIS: Ça dépend de toi.

HUGO: Louis, je ferai n'importe quoi.

LOUIS: Nous allons voir. Assieds-toi. (*Un temps*) Voilà la situation: d'un côté le gouvernement fasciste du Régent qui a aligné sa politique sur celle de l'Axe; de l'autre notre Parti qui se bat pour la démocratie, pour la liberté, pour une société sans classes. Entre les deux, le Pentagone qui groupe clandestinement les bourgeois libéraux et nationalistes. Trois groupes d'intérêts inconciliables, trois

groupes d'hommes qui se haïssent. (*Un temps*) Hoederer
nous a réunis ce soir parce qu'il veut que le Parti
prolétarien s'associe aux fascistes et au Pentagone pour
partager le pouvoir avec eux, après la guerre. Qu'en
penses-tu?

HUGO: (*souriant*) Tu te moques de moi.

LOUIS: Pourquoi?

HUGO: Parce que c'est idiot.

LOUIS: C'est pourtant ça qu'on vient de discuter ici pendant
trois heures.

HUGO: (*ahuri*) Enfin . . . C'est comme si tu me disais
qu'Olga nous a tous dénoncés à la police et que le Parti
lui a voté des félicitations.

LOUIS: Que ferais-tu si la majorité s'était déclarée en
faveur de ce rapprochement?

HUGO: Tu me le demandes sérieusement?

LOUIS: Oui.

HUGO: J'ai quitté ma famille et ma classe, le jour où j'ai
compris ce que c'était que l'oppression. En aucun cas, je
n'accepterais de compromis avec elle.

LOUIS: Mais si les choses en étaient venues là?

HUGO: Alors, je prendrais un pétard et j'irais descendre un
flic sur la place Royale ou avec un peu de chance un mili-
cien. Et puis j'attendrais à côté du cadavre pour voir ce
qui m'arriverait. (*Un temps*) Mais c'est une blague.

LOUIS: Le comité a accepté la proposition de Hoederer par
quatre voix contre trois. Dans la semaine qui vient,
Hoederer rencontrera les émissaires du Régent.

HUGO: Est-ce qu'il est vendu?

LOUIS: Je ne sais pas et je m'en fous. Objectivement, c'est un
traître; ça me suffit.

HUGO: Mais Louis . . . enfin, je ne sais pas, moi, c'est . . .
c'est absurde: le Régent nous hait, il nous traque, il

combat contre l'U.R.S.S. aux côtés de l'Allemagne, il a fait fusiller des gens de chez nous: comment peut-il . . .?

LOUIS: Le Régent ne croit plus à la victoire de l'Axe: il veut sauver sa peau. Si les Alliés gagnent, il veut pouvoir dire qu'il jouait double jeu.

HUGO: Mais les copains . . .

LOUIS: Tout le P.A.C. que je représente est contre Hoederer. Seulement, tu sais ce que c'est: le Parti prolétarien est né de la fusion du P.A.C. et des sociaux-démocrates. Les sociaux-démocrates ont voté pour Hoederer et ils ont la majorité.

HUGO: Pourquoi ont-ils . . .?

LOUIS: Parce qu'Hoederer leur fait peur . . .

HUGO: Est-ce que nous ne pouvons pas les lâcher?

LOUIS: Une scission? Impossible. (*Un temps*) Tu es avec nous, petit?

HUGO: Olga et toi vous m'avez tout appris et je vous dois tout. Pour moi, le Parti, c'est vous.

LOUIS: (*à Olga*) Il pense ce qu'il dit?

OLGA: Oui.

LOUIS: Bon. (*A Hugo*) Tu comprends bien la situation: nous ne pouvons ni nous en aller ni l'emporter au comité. Mais il s'agit uniquement d'une manœuvre de Hoederer. Sans Hoederer, nous mettons les autres dans notre poche. (*Un temps*) Hoederer a demandé mardi dernier au Parti de lui fournir un secrétaire. Un étudiant. Marié.

HUGO: Pourquoi, marié?

LOUIS: Je ne sais pas. Tu es marié?

HUGO: Oui.

LOUIS: Alors? Tu es d'accord?

 (*Ils se regardent un moment*)

HUGO: (*avec force*) Oui.

LOUIS: Très bien. Tu partiras demain avec ta femme. Il habite à vingt kilomètres d'ici, dans une maison de campagne qu'un ami lui a prêtée. Il vit avec trois costauds qui sont là en cas de coup dur. Tu n'auras qu'à le surveiller; nous établirons une liaison dès ton arrivée. Il ne faut pas qu'il rencontre les envoyés du Régent. Ou, en tout cas, il ne faut pas qu'il les rencontre deux fois, tu m'as compris?

HUGO: Oui.

LOUIS: Le soir que nous te dirons, tu ouvriras la porte à trois camarades qui achèveront la besogne; il y aura une auto sur la route et tu fileras avec ta femme pendant ce temps-là.

HUGO: Oh! Louis.

LOUIS: Quoi?

HUGO: C'est donc ça? Ce n'est que ça? Voilà ce dont tu me juges capable?

LOUIS: Tu n'es pas d'accord?

HUGO: Non. Pas du tout: je ne veux pas faire le mouton.* On a des manières, nous autres. Un intellectuel anarchiste n'accepte pas n'importe quelle besogne.

OLGA: Hugo!

HUGO: Mais voici ce que je vous propose: pas besoin de liaison, ni d'espionnage. Je ferai l'affaire moi-même.

LOUIS: Toi?

HUGO: Moi.

LOUIS: C'est du travail trop dur pour un amateur.

HUGO: Vos trois tueurs, ils rencontreront peut-être les gardes du corps de Hoederer; ils risquent de se faire descendre. Moi, si je suis son secrétaire et si je gagne sa confiance, je serai seul avec lui plusieurs heures par jour.

LOUIS: (*hésitant*) Je ne . . .

OLGA: Louis!

LOUIS: Eh?

OLGA: (*doucement*) Fais-lui confiance. C'est un petit gars qui cherche sa chance. Il ira jusqu'au bout.

LOUIS: Tu réponds de lui?

OLGA: Entièrement.

LOUIS: Bon. Alors écoute . . .

(*Explosion sourde dans le lointain*)

OLGA: Il a réussi.

LOUIS: Éteins! Hugo, ouvre la fenêtre!

(*Ils éteignent et ouvrent la fenêtre. Au fond la lueur rouge d'un incendie*)

OLGA: Ça brûle là-bas. Ça brûle. Tout un incendie. Il a réussi.

(*Ils sont tous à la fenêtre*)

HUGO: Il a réussi. Avant la fin de la semaine, vous serez ici, tous les deux, par une nuit pareille, et vous attendrez les nouvelles; et vous serez inquiets et vous parlerez de moi et je compterai pour vous. Et vous vous demanderez: qu'est-ce qu'il fait? Et puis il y aura un coup de téléphone ou bien quelqu'un frappera à la porte et vous vous sourirez comme vous faites à présent et vous vous direz: "Il a réussi."

Rideau

TROISIÈME TABLEAU

Un pavillon. * *Un lit, armoires, fauteuils, chaises. Des vêtements de femme sur toutes les chaises, des valises ouvertes sur le lit.*

Jessica emménage. Elle va regarder à la fenêtre. Revient. Va à une valise fermée qui est dans un coin (initiales H. B.), la tire sur le devant de la scène, va jeter un coup d'œil à la fenêtre, va chercher un complet d'homme pendu dans un placard, fouille dans les poches, sort une clé, ouvre la valise, fouille hâtivement, va regarder à la fenêtre, revient, fouille, trouve quelque chose qu'elle regarde, dos tourné au public, nouveau coup d'œil à la fenêtre. Elle tressaille, ferme rapidement la valise, remet la clé dans le veston et cache, sous le matelas, les objets qu'elle tient à la main.

Hugo entre.

SCÈNE PREMIÈRE

JESSICA, HUGO

HUGO: Il n'en finissait pas. * Tu as trouvé le temps long?

JESSICA: Horriblement.

HUGO: Qu'as-tu fait?

JESSICA: J'ai dormi.

HUGO: On ne trouve pas le temps long quand on dort.

JESSICA: J'ai rêvé que je trouvais le temps long, ça m'a réveillée et j'ai défait les valises. Qu'est-ce que tu penses de l'installation?

> (*Elle désigne le pêle-mêle des vêtements sur le lit et les chaises*)

HUGO: Je ne sais pas. Elle est provisoire?

JESSICA: (*fermement*) Définitive.

HUGO: Très bien.

JESSICA: Comment est-il?

HUGO: Qui?

JESSICA: Hoederer.

HUGO: Hoederer? Comme tout le monde.

JESSICA: Quel âge a-t-il?

HUGO: Entre deux âges.

JESSICA: Entre lesquels?

HUGO: Vingt et soixante.

JESSICA: Grand ou petit?

HUGO: Moyen.

JESSICA: Signe distinctif?

HUGO: Une grande balafre, une perruque et un œil de verre.

JESSICA: Quelle horreur!

HUGO: C'est pas vrai. Il n'a pas de signes distinctifs.

JESSICA: Tu fais le malin mais tu serais bien incapable de me le décrire.

HUGO: Bien sûr que si, j'en serais capable.

JESSICA: Non, tu n'en serais pas capable.

HUGO: Si.

JESSICA: Non. Quelle est la couleur de ses yeux?

HUGO: Gris.

JESSICA: Ma pauvre abeille, tu crois que tous les yeux sont gris. Il y en a des bleus, des marrons, des verts et des noirs. Il y en a même de mauves. Quelle est la couleur des miens? (*Elle se cache les yeux avec sa main*) Ne regarde pas.

HUGO: Ce sont deux pavillons de soie, deux jardins andalous, deux poissons de lune.

JESSICA: Je te demande leur couleur.

HUGO: Bleu.

JESSICA: Tu as regardé.

HUGO: Non, mais tu me l'as dit ce matin.

JESSICA: Idiot. (*Elle vient sur lui*) Hugo, réfléchis bien: est-ce qu'il a une moustache?

HUGO: Non. (*Un temps. Fermement*) Je suis sûr que non.

JESSICA: (*tristement*) Je voudrais pouvoir te croire.

HUGO: (*réfléchit puis se lance*) Il avait une cravate à pois.*

JESSICA: A pois?

HUGO: A pois.

JESSICA: Bah?

HUGO: Le genre . . . (*Il fait le geste de nouer une lavallière*) Tu sais.

JESSICA: Tu t'es trahi, tu t'es livré! Tout le temps qu'il te parlait, tu as regardé sa cravate. Hugo, il t'a intimidé.

HUGO: Mais non!

JESSICA: Il t'a intimidé!

HUGO: Il n'est pas intimidant.

JESSICA: Alors pourquoi regardais-tu sa cravate?

HUGO: Pour ne pas l'intimider.

JESSICA: C'est bon. Moi je le regarderai et quand tu voudras savoir comment il est fait,* tu n'auras qu'à me le demander. Qu'est-ce qu'il t'a dit?

HUGO: Je lui ai dit que mon père était vice-président des Charbonnières de Tosk et que je l'avais quitté pour entrer au Parti.

JESSICA: Qu'est-ce qu'il t'a répondu?

HUGO: Que c'était bien.

JESSICA: Et après?

HUGO: Je ne lui ai pas caché que j'avais mon doctorat mais je lui ai bien fait comprendre que je n'étais pas un intellectuel et que je ne rougissais pas de faire un travail de copiste et que je mettais mon point d'honneur dans l'obéissance et la discipline la plus stricte.

JESSICA: Et qu'est-ce qu'il t'a répondu?

HUGO: Que c'était bien.

JESSICA: Et ça vous a pris deux heures?

HUGO: Il y a eu les silences.

JESSICA: Tu es de ces gens qui vous racontent toujours ce qu'ils disent aux autres et jamais ce que les autres leur ont répondu.

HUGO: C'est parce que je pense que tu t'intéresses plus à moi qu'aux autres.

JESSICA: Bien sûr, mon abeille. Mais toi, je t'ai. Les autres, je ne les ai pas.

HUGO: Tu veux avoir Hoederer?

JESSICA: Je veux avoir tout le monde.

HUGO: Hum! Il est vulgaire.

JESSICA: Comment le sais-tu puisque tu ne l'as pas regardé?

HUGO: Il faut être vulgaire pour porter une cravate à pois.

JESSICA: Les impératrices grecques couchaient avec des généraux barbares.

HUGO: Il n'y avait pas d'impératrices en Grèce.

JESSICA: A Byzance il y en avait.

HUGO: A Byzance il y avait des généraux barbares et des

impératrices grecques mais on ne dit pas ce qu'ils faisaient ensemble.

JESSICA: Qu'est-ce qu'ils pouvaient faire d'autre? (*Un léger silence*) Il t'a demandé comment j'étais?

HUGO: Non.

JESSICA: D'ailleurs tu n'aurais pas pu lui répondre: tu n'en sais rien. Il n'a rien dit d'autre sur moi?

HUGO: Rien.

JESSICA: Il manque de manières.

HUGO: Tu vois. D'ailleurs il est trop tard pour t'intéresser à lui.

JESSICA: Pourquoi?

HUGO: Tu tiendras ta langue?

JESSICA: A deux mains.

HUGO: Il va mourir.

JESSICA: Il est malade?

HUGO: Non, mais il va être assassiné. Comme tous les hommes politiques.

JESSICA: Ah! (*un temps*) Et toi, petite abeille, es-tu un homme politique?

HUGO: Certainement.

JESSICA: Et qu'est-ce que doit faire la veuve d'un homme politique?

HUGO: Elle entre dans le parti de son mari et elle achève son œuvre.

JESSICA: Seigneur! J'aimerais beaucoup mieux me tuer sur ta tombe.

HUGO: Ça ne se fait plus qu'à Malabar.*

JESSICA: Alors, écoute ce que je ferais: j'irais trouver tes assassins un à un, je les ferais brûler d'amour, et quand ils croiraient enfin pouvoir consoler ma langueur hautaine et désolée, je leur plongerais un couteau dans le cœur.

HUGO: Qu'est-ce qui t'amuserait le plus? Les tuer ou les séduire?

JESSICA: Tu es bête et vulgaire.

HUGO: Je croyais que tu aimais les hommes vulgaires. (*Jessica ne répond pas*) On joue ou on ne joue pas?

JESSICA: On ne joue plus. Laisse-moi défaire mes valises.

HUGO: Va! Va!

JESSICA: Il ne reste plus que la tienne. Donne-moi la clé.

HUGO: Je te l'ai donnée.

JESSICA: (*désignant la valise qu'elle a ouverte au début du tableau*) Pas de celle-là.

HUGO: Celle-là, je la déferai moi-même.

JESSICA: Ce n'est pas ton affaire, ma petite âme.

HUGO: Depuis quand est-ce la tienne? Tu veux jouer à la femme d'intérieur?*

JESSICA: Tu joues bien au révolutionnaire.

HUGO: Les révolutionnaires n'ont pas besoin de femmes d'intérieur: ils leur coupent la tête.

JESSICA: Ils préfèrent les louves aux cheveux noirs, comme Olga.

HUGO: Tu es jalouse?

JESSICA: Je voudrais bien. Je n'y ai jamais joué. On y joue?

HUGO: Si tu veux.

JESSICA: Bon. Alors donne-moi la clé de cette valise.

HUGO: Jamais!

JESSICA: Qu'est qu'il y a dans cette valise?

HUGO: Un secret honteux.

JESSICA: Quel secret?

HUGO: Je ne suis pas le fils de mon père.

JESSICA: Comme ça te ferait plaisir, mon abeille. Mais ce n'est pas possible: tu lui ressembles trop.

HUGO: Ce n'est pas vrai! Jessica. Tu trouves que je lui ressemble?

JESSICA: On joue ou on ne joue pas?

HUGO: On joue.

JESSICA: Alors, ouvre cette valise.

HUGO: J'ai juré de ne pas l'ouvrir.

JESSICA: Elle est bourrée de lettres de la louve! ou de photos peut-être? Ouvre!

HUGO: Non.

JESSICA: Ouvre. Ouvre.

HUGO: Non et non.

JESSICA: Tu joues?

HUGO: Oui.

JESSICA: Alors, pouce:* je ne joue plus. Ouvre la valise.

HUGO: Pouce cassé:* je ne l'ouvrirai pas.

JESSICA: Ça m'est égal, je sais ce qu'il y a dedans.

HUGO: Qu'est-ce qu'il y a?

JESSICA: Il y a . . . il y a . . . (*Elle passe la main sous le matelas, puis met les deux mains derrière son dos et brandit des photos*) Ça!

HUGO: Jessica!

JESSICA: (*triomphante*) J'ai trouvé la clé dans ton costume bleu, je sais quelle est ta maîtresse, ta princesse, ton impératrice. Ça n'est pas moi, ça n'est pas la louve, c'est toi mon chéri, c'est toi-même. Douze photos de toi dans ta valise.

HUGO: Rends-moi ces photos.

JESSICA: Douze photos de ta jeunesse rêveuse. A trois ans, à six ans, à huit, à dix, à douze, à seize. Tu les as emportées quand ton père t'a chassé, elles te suivent partout: comme il faut que tu t'aimes.

HUGO: Jessica, je ne joue plus.

JESSICA: A six ans, tu portais un col dur, ça devait racler ton cou de poulet,* et puis tout un habit de velours avec une lavallière.* Quel beau petit homme, quel enfant sage! Ce sont les enfants sages, Madame, qui font les révolutionnaires les plus terribles. Ils ne disent rien, ils ne se cachent pas sous la table, ils ne mangent qu'un bonbon à la fois, mais plus tard ils le font payer cher à la Société. Méfiez-vous des enfants sages!

> (*Hugo qui fait semblant de se résigner saute brusquement sur elle*)

HUGO: Tu me les rendras, sorcière! Tu vas me les rendre.

JESSICA: Lâche-moi! (*Il la renverse sur le lit*) Attention; tu vas nous faire tuer.

HUGO: Rends-les.

JESSICA: Je te dis que le revolver va partir! (*Hugo se relève, elle montre le revolver qu'elle a tenu derrière son dos*) Il y avait aussi ça, dans ta valise.

HUGO: Donne.

> (*Il le lui prend, va fouiller dans son costume bleu, prend la clé, revient à la valise, l'ouvre, ramasse les photos et les met avec le revolver dans la valise. Un temps*)

JESSICA: Qu'est-ce que c'est que ce revolver?

HUGO: J'en ai toujours un avec moi.

JESSICA: C'est pas vrai. Tu n'en avais pas avant de venir ici. Et tu n'avais pas non plus cette valise. Tu les as achetés en même temps. Pourquoi as-tu ce revolver?

HUGO: Tu veux le savoir?

JESSICA: Oui, mais réponds-moi sérieusement. Tu n'as pas le droit de me tenir en dehors de ta vie.

HUGO: Tu n'en parleras à personne?

JESSICA: A personne au monde.

HUGO: C'est pour tuer Hoederer.

JESSICA: Tu es assommant, Hugo. Je te dis que je ne joue plus.

HUGO: Ha! Ha! Est-ce que je joue? Est-ce que je suis sérieux? Mystère . . . Jessica, tu seras la femme d'un assassin!

JESSICA: Mais tu ne pourras jamais, ma pauvre petite abeille; veux-tu que je le tue à ta place? J'irai m'offrir a lui et je . . .

HUGO: Merci, et puis tu le manqueras! J'agirai moi-même.

JESSICA: Mais pourquoi veux-tu le tuer? Un homme que tu ne connais pas.

HUGO: Pour que ma femme me prenne au sérieux. Est-ce que tu me prendras au sérieux?

JESSICA: Moi? Je t'admirerai, je te cacherai, je te nourrirai, je te distrairai dans ta cachette et quand nous aurons été dénoncés par les voisins, je me jetterai sur toi malgré les gendarmes et je te prendrai dans mes bras en te criant: je t'aime . . .

HUGO: Dis-le-moi à présent.

JESSICA: Quoi?

HUGO: Que tu m'aimes.

JESSICA: Je t'aime.

HUGO: Dis-le-moi pour de vrai.

JESSICA: Je t'aime.

HUGO: Ce n'est pas pour de vrai.

JESSICA: Mais qu'est-ce qui te prend? Tu joues?

HUGO: Non. Je ne joue pas.

JESSICA: Pourquoi me demandes-tu ça? Ce n'est pas dans tes habitudes.

HUGO: Je ne sais pas. J'ai envie de penser que tu m'aimes. C'est bien mon droit. Allons, dis-le. Dis-le *bien*.

JESSICA: Je t'aime. Je t'aime. Non: je t'aime. Ah! va au diable. Comment le dis-tu, toi?

HUGO: Je t'aime.

JESSICA: Tu vois: tu ne sais pas mieux que moi.

HUGO: Jessica, tu ne crois pas ce que je t'ai dit.

JESSICA: Que tu m'aimais?

HUGO: Que j'allais tuer Hoederer.

JESSICA: Naturellement, je le crois.

HUGO: Fais un effort, Jessica. Sois sérieuse.

JESSICA: Pourquoi faut-il que je sois sérieuse?

HUGO: Parce qu'on ne peut pas jouer tout le temps.

JESSICA: Je n'aime pas le sérieux mais on va s'arranger: je vais jouer à être sérieuse.

HUGO: Regarde-moi dans les yeux. Sans rire. Écoute: pour Hoederer, c'est vrai. C'est le Parti qui m'envoie.

JESSICA: Je n'en doute pas. Pourquoi ne me l'as-tu pas dit plus tôt?

HUGO: Peut-être tu aurais refusé de m'accompagner.

JESSICA: Pourquoi? Ce sont des affaires d'homme, ça ne me regarde pas.

HUGO: C'est une drôle de besogne, tu sais . . . Le type a l'air coriace.*

JESSICA: Eh bien, nous allons le chloroformer et l'attacher à la gueule d'un canon.

HUGO: Jessica! Je suis sérieux.

JESSICA: Moi aussi.

HUGO: Toi, tu joues à être sérieuse. Tu me l'as dit.

JESSICA: Non, c'est toi.

HUGO: Il faut me croire, je t'en supplie.

JESSICA: Je te croirai si tu crois que je suis sérieuse.

HUGO: Bon. Eh bien, je te crois.

JESSICA: Non. Tu joues à me croire.

HUGO: Nous n'en sortirons pas. (*On frappe à la porte*) Entrez!

> (*Jessica se place devant la valise, dos tourné au public, pendant qu'il va ouvrir*)

SCÈNE II

Slick et Georges entrent, souriants. Mitraillettes et ceinturons avec revolvers. Un silence.

GEORGES: C'est nous.

HUGO: Oui?

GEORGES: On venait voir si vous n'aviez pas besoin d'un coup de main.*

HUGO: Un coup de main pour quoi faire?

SLICK: Pour emménager.

JESSICA: Vous êtes bien gentils mais je n'ai besoin de personne.

GEORGES: (*désignant les vêtements de femme épars sur les meubles*) Tout ça faut le plier.

SLICK: Ça irait plus vite si on s'y mettait tous les quatre.

JESSICA: Vous croyez?

SLICK: (*il a pris une combinaison sur un dossier de chaise et la tient à bout de bras*) Ça se plie par le milieu, non? Et puis on rabat les côtés?

JESSICA: Oui? Eh bien, je vous verrais plutôt vous spécialiser dans le travail de force.

GEORGES: Touche pas, Slick. Ça va te donner des idées. Excusez-le, Madame: nous n'avons pas vu de femme depuis six mois.

SLICK: On ne savait même plus comment c'était bâti.*

(*Ils la regardent*)

JESSICA: Ça vous revient?

GEORGES: Peu à peu.

JESSICA: Il n'y en a donc pas, au village?

SLICK: Il y en a, mais on ne sort pas.

GEORGES: L'ancien secrétaire sautait le mur toutes les nuits, total* qu'on l'a retrouvé un matin la tête dans une mare. Alors le vieux a décidé que le suivant serait marié pour avoir sa suffisance à domicile.*

JESSICA: C'était très délicat de sa part.

SLICK: Seulement, nous, c'est pas dans ses idées qu'on ait notre suffisance.

JESSICA: Tiens? Pourquoi?

GEORGES: Il dit qu'il veut qu'on soit des bêtes sauvages.

HUGO: Ce sont les gardes du corps de Hoederer.

JESSICA: Figure-toi que je l'avais deviné.

SLICK: (*désignant sa mitraillette*) A cause de ça?

JESSICA: A cause de ça aussi.

GEORGES: Faudrait pas nous prendre pour des professionnels, hein? Moi je suis plombier. On fait un petit extra, parce que le Parti nous l'a demandé.

SLICK: Vous n'avez pas peur de nous?

JESSICA: Au contraire; seulement j'aimerais (*désignant mitraillettes et revolvers*) que vous vous débarrassiez de votre panoplie. Posez ça dans un coin.

GEORGES: Impossible.

SLICK: Défendu.

JESSICA: Est-ce que vous vous en séparez pour dormir?

GEORGES: Non, Madame.

JESSICA: Non?

SLICK: Non.

HUGO: Ils sont à cheval sur le règlement.* Quand je suis entré chez Hoederer, ils me poussaient avec le canon de leurs mitraillettes.

GEORGES: (*riant*) Voilà comme nous sommes.

SLICK: (*riant*) S'il avait bronché, vous seriez veuve.

(Tout le monde rit)

JESSICA: Il a donc bien peur, votre patron.

SLICK: Il n'a pas peur mais il ne veut pas qu'on le tue.

JESSICA: Pourquoi le tuerait-on?

SLICK: Pourquoi, je ne sais pas. Mais ce qui est sûr c'est qu'on veut le tuer. Ses copains sont venus l'avertir, il y a tantôt quinze jours.

JESSICA: Comme c'est intéressant.

SLICK: Faut monter la garde, c'est tout. Oh! Vous en reviendrez.* Ce n'est même pas spectaculaire.

> *(Pendant la réplique de Slick, Georges fait un tour dans la pièce d'un air faussement négligent. Il va au placard ouvert et en sort le costume de Hugo)*

GEORGES: Hé, Slick! Vise-moi s'il est bien loqué!*

SLICK: Ça fait partie de son métier. Un secrétaire, tu le regardes pendant qu'il écrit ce que tu causes, faut qu'il te plaise, sans ça, tu perds le fil de tes idées.

> *(Georges palpe le costume en feignant de le brosser)*

GEORGES: Méfiez-vous des placards, les murs sont cra-cra.*

> *(Il va remettre le costume dans le placard puis revient près de Slick. Jessica et Hugo se regardent)*

JESSICA: *(prenant son parti)* * Eh bien . . . asseyez-vous.

SLICK: Non. Non. Merci.

GEORGES: Ça va comme ça.

JESSICA: Nous ne pouvons rien vous offrir à boire.

SLICK: N'importe comment nous ne buvons pas dans le service.

HUGO: Et vous êtes en service?

GEORGES: Nous sommes *toujours* en service.

HUGO: Ah?

SLICK: Je vous dis, faut être des saints pour faire ce sacré métier.

HUGO: Moi je ne suis pas encore en service. Je suis chez moi, avec ma femme. Asseyons-nous, Jessica.

(*Ils s'asseyent tous deux*)

SLICK: (*allant à la fenêtre*) Belle vue.

GEORGES: C'est joli chez eux.

SLICK: Et calme.

GEORGES: T'as vu le lit s'il est grand . . . il y en a pour trois.

SLICK: Pour quatre: des jeunes mariés, ça se blottit.*

GEORGES: Toute cette place perdue, quand il y en a qui couchent par terre.

SLICK: Tais-toi, je vais en rêver cette nuit.

JESSICA: Vous n'avez pas de lit?

SLICK: (*égayé*) Georges!

GEORGES: (*riant*) Oui.

SLICK: Elle demande si on a un lit!

GEORGES: (*désignant Slick*) Il dort sur le tapis du bureau, moi dans le couloir, devant la chambre du vieux.*

JESSICA: Et c'est dur?

GEORGES: Ça serait dur pour votre mari, parce qu'il a l'air délicat. Nous autres on s'y est fait. L'ennui, c'est qu'on n'a pas de pièce où se tenir. Le jardin n'est pas sain, alors on passe la journée dans le vestibule.

(*Il se baisse et regarde sous le lit*)

HUGO: Qu'est-ce que vous regardez?

GEORGES: Des fois qu'il y aurait des rats.

(*Il se relève*)

HUGO: Il n'y en a pas?

GEORGES: Non.

HUGO: Tant mieux.

(*Un temps*)

JESSICA: Et vous l'avez laissé tout seul votre patron? Vous

n'avez pas peur qu'il lui arrive malheur si vous restez trop longtemps absents?

SLICK: Il y a Léon, qui est resté là-bas. (*Désignant l'appareil téléphonique*) Et puis, s'il y avait du pet,* il peut toujours nous appeler.

> (*Un temps. Hugo se lève, pâle d'énervement. Jessica se lève aussi*)

HUGO: Ils sont sympathiques, hein?

JESSICA: Exquis.

HUGO: Et tu as vu comme ils sont bâtis?

JESSICA: Des armoires!* Ah! vous allez faire un trio d'amis. Mon mari adore les tueurs. Il aurait voulu en être un.

SLICK: Il n'est pas taillé pour. Il est fait pour être secrétaire.

HUGO: On s'entendra bien, allez! Moi je serai le cerveau, Jessica les yeux, vous les muscles. Tâte les muscles, Jessica! (*Il les tâte*) Du fer. Tâte.

JESSICA: Mais monsieur Georges n'en a peut-être pas envie.

GEORGES: (*raide*) Ça m'est égal.

HUGO: Tu vois; il est enchanté. Allons, tâte, Jessica, tâte. (*Jessica tâte*) Du fer, hein?

JESSICA: De l'acier.

HUGO: On se tutoie, nous trois, hein?

SLICK: Si tu veux, mon petit gars!

JESSICA: C'est tellement aimable à vous d'être venus nous voir.

SLICK: Tout le plaisir est pour nous, hein, Georges?

GEORGES: On est heureux d'avoir vu votre bonheur.

JESSICA: Ça vous fera un sujet de conversation dans votre vestibule.

SLICK: Bien sûr et puis la nuit on se dira: "Ils sont au chaud, il tient sa petite femme dans ses bras."

GEORGES: Ça nous rendra courage.

HUGO: (*va à la porte et l'ouvre*) Revenez quand vous voudrez, vous êtes chez vous.

(*Slick s'en va tranquillement à la porte et la referme*)

SLICK: On s'en va. On s'en va tout de suite. Le temps d'une petite formalité.

HUGO: Quelle formalité?

SLICK: Fouiller la chambre.

HUGO: Non.

GEORGES: Non?

HUGO: Vous ne fouillerez rien du tout.

SLICK: Te fatigue pas, petite tête, on a des ordres.

HUGO: Des ordres de qui?

SLICK: De Hoederer.

HUGO: Hoederer vous a donné l'ordre de fouiller ma chambre?

GEORGES: Voyons, mon petit pote, fais pas l'idiot. Je te dis qu'on nous a prévenus: il va y avoir du baroud* un de ces jours. Alors tu penses comme on va te laisser entrer ici sans regarder tes poches. Tu pourrais balader des grenades ou n'importe quelle pétoire quoique j'ai dans l'idée que tu n'es pas doué pour le tir au pigeon.

HUGO: Je vous demande si Hoederer vous a nommément chargé de fouiller dans mes affaires.

SLICK: (*à Georges*) Nommément.

GEORGES: Nommément.

SLICK: Personne n'entre ici sans qu'on le fouille. C'est la règle. Voilà tout.

HUGO: Et moi vous ne me fouillerez pas. Ce sera l'exception. Voilà tout.

GEORGES: Tu n'es pas du Parti?

HUGO: Si.

GEORGES: Alors qu'est-ce qu'on on t'a appris là-bas? Tu ne

sais pas ce que c'est qu'une consigne?

HUGO: Je le sais aussi bien que vous.

SLICK: Et quand on te donne une consigne, tu ne sais pas que tu dois la respecter?

HUGO: Je le sais.

SLICK: Eh bien?

HUGO: Je respecte les consignes mais je me respecte aussi moi-même, et je n'obéis pas aux ordres idiots qui sont faits exprès pour me ridiculiser.

SLICK: Tu l'entends. Dis, Georges, est-ce que tu te respectes?

GEORGES: Je crois pas. Ça se saurait. Et toi Slick?

SLICK: T'es pas fou? T'as pas le droit de te respecter si t'es pas au moins secrétaire.

HUGO: Pauvres idiots! Si je suis entré au Parti, c'est pour que tous les hommes, secrétaires ou non, en aient un jour le droit.

GEORGES: Fais-le taire, Slick, ou je vais pleurer. Nous, mon petit pote, si on y est entré c'est qu'on en avait marre de crever de faim.*

SLICK: Et pour que tous les gars dans notre genre aient un jour de quoi bouffer.*

GEORGES: Ah, Slick, assez de salades.* Ouvre ça pour commencer.

HUGO: Tu n'y toucheras pas.

SLICK: Non, mon petit pote? Et comment que tu feras pour m'en empêcher?

HUGO: Je n'essayerai pas de lutter contre un rouleau compresseur, mais si seulement tu poses ta patte dessus, nous quittons la villa ce soir et Hoederer pourra se chercher un autre secrétaire.

GEORGES: Oh! dis, tu m'intimides! Un secrétaire comme toi, j'en fais un tous les jours.

HUGO: Eh bien, fouille, si tu n'as pas peur, fouille donc!

(*Georges se gratte le crâne. Jessica qui est restée très calme pendant toute cette scène vient vers eux*)

JESSICA: Pourquoi ne pas téléphoner à Hoederer?

SLICK: A Hoederer?

JESSICA: Il vous mettra d'accord.

(*Georges et Slick se consultent du regard*)

GEORGES: Peut se faire. (*Il va à l'appareil, sonne et décroche*) Allô, Léon? Va dire au Vieux que le petit poteau ne veut pas se laisser faire.* Quoi? Oh! des boniments.* (*Revenant vers Slick*) Il est parti pour voir le Vieux.

SLICK: D'accord. Seulement je vais te dire, Georges. Moi je l'aime bien, Hoederer, mais si ça lui chantait de faire une exception pour ce gosse de riches, alors qu'on a foutu à poil jusqu'au facteur,* eh bien, je lui rends mon tablier.*

GEORGES: Je suis d'accord. Il y passera ou c'est nous qu'on s'en va.*

SLICK: Parce que ça se peut que je me respecte pas, mais j'ai ma fierté comme les autres.

HUGO: Ça se peut bien, mon grand camarade; mais quand ce serait Hoederer lui-même qui donnerait l'ordre de fouille, je quitterais cette maison cinq minutes après.

GEORGES: Slick!

SLICK: Oui?

GEORGES: Tu ne trouves pas que Monsieur a une gueule d'aristocrate?

HUGO: Jessica!

JESSICA: Oui?

HUGO: Tu ne trouves pas que ces Messieurs ont des gueules de cognes?*

SLICK: (*marche sur lui et lui met la main sur l'épaule*) Fais gaffe, mon petit gars; parce que si c'est qu'on est des cognes, des fois on pourrait se mettre à cogner!*

(*Entre Hoederer*)

SCÈNE III

Les mêmes, HOEDERER

HOEDERER: Pourquoi me dérange-t-on?

(*Slick fait un pas en arrière*)

SLICK: Il ne veut pas qu'on le fouille.

HOEDERER: Non?

HUGO: Si vous leur permettez de me fouiller, je m'en vais. C'est tout.

HOEDERER: Bon.

GEORGES: Et si tu nous en empêches, c'est nous qu'on s'en va.

HOEDERER: Asseyez-vous. (*Ils s'asseyent de mauvaise grâce*) A propos, Hugo, tu peux me tutoyer. Ici, tout le monde se tutoie.

(*Il prend un slip et une paire de bas sur le dossier du fauteuil et se dispose à les porter sur le lit*)

JESSICA: Vous permettez?

(*Elle les lui prend des mains et les roule en boule, puis sans bouger de place, elle les jette sur le lit*)

HOEDERER: Comment t'appelles-tu?

JESSICA: Les femmes aussi vous les tutoyez?

HOEDERER: Oui.

JESSICA: Je m'y ferai. Je m'appelle Jessica.

HOEDERER: (*la regardant toujours*) Je croyais que tu serais laide.

JESSICA: Je suis désolée.

HOEDERER: (*la regardant toujours*) Oui. C'est regrettable.

JESSICA: Faut-il que je me rase la tête?

HOEDERER: (*sans cesser de la regarder*) Non. (*Il s'éloigne un peu d'elle*) C'est à cause de toi qu'ils voulaient en venir aux mains?*

JESSICA: Pas encore.

HOEDERER: Que ça n'arrive jamais. (*Il s'assied dans le fauteuil*) La fouille, c'est sans importance.

SLICK: Nous . . .

HOEDERER: Sans aucune importance. Nous en reparlerons. (*A Slick*) Qu'est-ce qu'il y a eu? Qu'est-ce que vous lui reprochez? Il est trop bien habillé? Il parle comme un livre?

SLICK: Question de peau.*

HOEDERER: Pas de ça ici. Les peaux, on les laisse au vestiaire. (*Il les regarde*) Mes enfants, vous êtes mal partis.* (*A Hugo*) Toi, tu fais l'insolent parce que tu es le plus faible. (*A Slick et à Georges*) Vous, vous avez vos gueules des mauvais jours. Vous avez commencé par le regarder de travers. Demain vous lui ferez des farces et la semaine prochaine, quand j'aurai besoin de lui dicter une lettre, vous viendrez me dire qu'on l'a repêché dans l'étang.

HUGO: Pas si je peux l'empêcher . . .

HOEDERER: Tu ne peux rien empêcher. Ne te crispe pas, mon petit. Il ne faut pas que les choses en arrivent là, voilà tout. Quatre hommes qui vivent ensemble, ça s'aime ou ça se massacre. Vous allez me faire le plaisir de vous aimer.

GEORGES: (*avec dignité*) Les sentiments ne se commandent pas.

HOEDERER: (*avec force*) Ils se commandent. Ils se commandent quand on est en service, entre types du même parti.

GEORGES: On n'est pas du même parti.

HOEDERER: (*à Hugo*) Tu n'es pas de chez nous?

HUGO: Si.

HOEDERER: Alors?

SLICK: On est peut-être du même parti mais on n'y est pas entré pour les mêmes raisons.

HOEDERER: On y entre toujours pour la même raison.

SLICK: Tu permets! Lui, c'était pour apprendre aux pauvres gens le respect qu'ils se doivent.

HOEDERER: Bah?

GEORGES: C'est ce qu'il a dit.

HUGO: Et vous n'y êtes entrés que pour bouffer à votre faim.* C'est ce que vous avez dit.

HOEDERER: Eh bien? Vous êtes d'accord.

SLICK: Pardon?

HOEDERER: Slick! Tu ne m'as pas raconté que tu avais honte d'avoir faim? (*Il se penche vers Slick et attend une réponse qui ne vient pas*) Et que ça te faisait rager parce que tu ne pouvais penser à rien d'autre? Et qu'un garçon de vingt ans a mieux à faire qu'à s'occuper tout le temps de son estomac?

SLICK: Tu n'avais pas besoin de parler de ça devant lui.

HOEDERER: Tu ne me l'as pas raconté?

SLICK: Qu'est-ce ça prouve?

HOEDERER: Ça prouve que tu voulais ta bouffe et un petit quelque chose en plus. Lui, il appelle ça le respect de soi-même. Il faut le laisser dire. Chacun peut employer les mots qu'il veut.

SLICK: Ça n'était pas du respect. Ça me ferait bien mal qu'on appelle ça du respect. Il emploie les mots qu'il trouve dans sa tête; il pense tout avec sa tête.

HUGO: Avec quoi veux-tu que je pense?

SLICK: Quand on la saute,* mon pote, c'est pas avec sa tête qu'on pense. C'est vrai que je voulais que ça cesse, bon Dieu oui. Rien qu'un moment, un petit moment, pour pouvoir m'intéresser à autre chose. A n'importe quoi d'autre que moi. Mais c'était pas du respect de moi-même. Tu n'as jamais eu faim et tu es venu chez nous pour nous faire la morale comme les dames visiteuses qui montaient chez ma mère quand elle était saoule pour lui dire qu'elle ne se respectait pas.

HUGO: C'est faux.

GEORGES: Tu as eu faim, toi? Je crois que tu avais plutôt besoin de prendre de l'exercice avant les repas pour te mettre en appétit.

HUGO: Pour une fois, tu as raison, mon grand camarade: l'appétit je ne sais pas ce que c'est. Si tu avais vu les phosphatines* de mon enfance, j'en laissais la moitié: quel gaspillage! Alors on m'ouvrait la bouche, on me disait: une cuillerée pour papa, une cuillerée pour maman, une cuillerée pour la tante Anna. Et on m'enfonçait la cuiller jusqu'au fond de la gorge. Et je grandissais, figure-toi. Mais je ne grossissais pas. C'est le moment où on m'a fait boire du sang frais aux abattoirs, parce que j'étais pâlot: du coup je n'ai plus touché à la viande. Mon père disait chaque soir: "Cet enfant n'a pas faim . . ." Chaque soir, tu vois ça d'ici: "Mange, Hugo, mange. Tu vas te rendre malade." On m'a fait prendre de l'huile de foie de morue: ça c'est le comble du luxe: une drogue pour te *donner faim* pendant que les autres, dans la rue, se seraient vendus pour un bifteck; je les voyais passer de ma fenêtre avec leur pancarte: "Donnez-nous du pain." Et j'allais m'asseoir à table. Mange, Hugo, mange. Une cuillerée pour le gardien qui est en chômage,* une cuillerée pour la vieille qui ramasse les épluchures dans la poubelle, une cuillerée pour la famille du charpentier qui s'est cassé la jambe. J'ai quitté la maison. Je suis entré au Parti et c'était pour entendre la même chanson: "Tu n'as jamais eu faim, Hugo, de quoi que tu te mêles? Qu'est-ce que tu peux comprendre? Tu n'as jamais eu faim." Eh bien non, je n'ai jamais eu faim. Jamais! Jamais! Jamais! Tu pourras peut-être me dire, toi, ce qu'il faut que je fasse pour que vous cessiez tous de me le reprocher.

(*Un temps*)

HOEDERER: Vous entendez? Eh bien, renseignez-le. Dites-lui donc ce qu'il faut qu'il fasse. Slick! Que lui demandes-tu? Qu'il se coupe une main? Qu'il se crève un œil? Qu'il t'offre sa femme? Quel prix doit-il payer pour que vous lui pardonniez?

SLICK: Je n'ai rien à lui pardonner.

HOEDERER: Si: d'être entré au Parti sans y être poussé par la misère.

GEORGES: On ne lui reproche pas. Seulement il y a un monde entre nous: lui, c'est un amateur, il y est entré parce qu'il trouvait ça bien, pour faire un geste. Nous, on ne pouvait pas faire autrement.

HOEDERER: Et lui, tu crois qu'il pouvait faire autrement? La faim des autres, ça n'est pas non plus très facile à supporter.

GEORGES: Il y en a beaucoup qui s'en arrangent très bien.

HOEDERER: C'est qu'ils n'ont pas d'imagination. Le malheur avec ce petit-là, c'est qu'il en a trop.

SLICK: Ça va. On ne lui veut pas de mal. On ne le blaire pas,* c'est tout. On a tout de même le droit . . .

HOEDERER: Quel droit? Vous n'avez aucun droit. Aucun. "On ne le blaire pas" . . . Espèces de salauds,* allez regarder vos gueules dans la glace et puis vous reviendrez me faire de la délicatesse de sentiment si vous en avez le courage. On juge un type à son travail. Et prenez garde que je ne vous juge au vôtre, parce que vous vous relâchez drôlement ces temps-ci.

HUGO: (criant) Mais ne me défendez pas! Qui vous demande de me défendre? Vous voyez bien qu'il n'y a rien à faire; j'ai l'habitude. Quand je les ai vus entrer, tout à l'heure, j'ai reconnu leur sourire. Ils n'étaient pas beaux. Vous pouvez me croire; ils venaient me faire payer pour mon père et pour mon grand-père et pour tous ceux de ma famille qui ont mangé à leur faim. Je vous dis que je les connais: jamais ils ne m'accepteront; ils sont cent mille qui regardent avec ce sourire. J'ai lutté, je me suis humilié, j'ai tout fait pour qu'ils oublient, je leur ai répété que je les aimais, que je les enviais, que je les admirais. Rien à faire! Rien à faire! Je suis un gosse de riches, un intellectuel, un type qui ne travaille pas de ses mains. Eh bien, qu'ils pensent ce qu'ils veulent. Ils ont raison, c'est une question de peau.

> (*Slick et Georges se regardent en silence*)

HOEDERER: (*aux gardes du corps*) Eh bien? (*Slick et Georges haussent les épaules en signe d'incertitude*) Je ne le ménagerai pas plus que vous: vous savez que je ne ménage personne. Il ne travaillera pas de ses mains, mais je le ferai trimer dur. (*Agacé*) Ah! Finissons-en.

SLICK: (*se décidant*) Bon! (*A Hugo*) Mon petit gars, ce n'est pas que tu me plaises. On aura beau faire,* il y a quelque chose entre nous qui ne colle pas. Mais je ne dis pas que tu sois le mauvais cheval* et puis c'est vrai qu'on était mal parti. On va tâcher de ne pas se rendre la vie dure. D'accord?

HUGO: (*mollement*) Si vous voulez!

SLICK: D'accord, Georges?

GEORGES: Marchons comme ça.*

> (*Un temps*)

HOEDERER: (*tranquillement*) Reste la question de la fouille.

SLICK: Oui. La fouille . . . Oh! à présent . . .

GEORGES: Ce qu'on en disait c'était pour dire.

SLICK: Histoire de marquer le coup.*

HOEDERER: (*changeant de ton*) Qui vous demande votre avis? Vous ferez cette fouille si je vous dis de la faire. (*A Hugo, reprenant sa voix ordinaire*) J'ai confiance en toi, mon petit, mais il faut que tu sois réaliste. Si je fais une exception pour toi aujourd'hui, demain ils me demanderont d'en faire deux, et pour finir, un type viendra nous massacrer tous parce qu'ils auront négligé de retourner ses poches. Suppose qu'ils te demandent poliment, à présent que vous êtes amis, tu les laisserais fouiller?

HUGO: Je . . . crains que non.

HOEDERER: Ah! (*Il le regarde*) Et si c'est moi qui te le demande? *Un temps*) Je vois: tu as des principes. Je pourrais en faire une question de principes, moi aussi. Mais les principes et moi . . . (*Un temps*) Regarde-moi. Tu n'as pas d'armes?

HUGO: Non.

HOEDERER: Ta femme non plus?

HUGO: Non.

HOEDERER: C'est bon. Je te fais confiance. Allez-vous-en, vous deux.

JESSICA: Attendez. (*Ils se retournent*) Hugo, ce serait mal de ne pas répondre à la confiance par la confiance.

HUGO: Quoi?

JESSICA: Vous pouvez fouiller partout.

HUGO: Mais, Jessica . . .

JESSICA: Eh bien quoi? Tu vas leur faire croire que tu caches un revolver.

HUGO: Folle!

JESSICA: Alors, laisse-les faire. Ton orgueil est sauf puisque c'est nous qui les en prions.

    (*Georges et Slick restent hésitants sur le pas de la porte*)

HOEDERER: Hé bien? Qu'est-ce que vous attendez? Vous avez compris?

SLICK: On croyait . . .

HOEDERER: Il n'y a rien à croire, faites ce qu'on vous dit.

SLICK: Bon. Bon. Bon.

GEORGES: C'était pas la peine de faire toutes ces histoires.

    (*Pendant qu'ils se mettent à fouiller, mollement, Hugo ne cesse de regarder Jessica avec stupeur*)

HOEDERER: (*à Slick et à Georges*) Et que ça vous apprenne

à faire confiance aux gens. Moi, je fais toujours confiance. A tout le monde. (*Ils fouillent*) Que vous êtes
mous! Il faut que la fouille soit sérieuse puisqu'ils vous
l'ont proposée sérieusement. Slick, regarde sous
l'armoire. Bon. Sors le costume. Palpe-le.

SLICK: C'est déjà fait.

HOEDERER: Recommence. Regarde aussi sous le matelas.
Bien. Slick, continue. Et toi, Georges, viens ici.
(*Désignant Hugo*) Fouille-le. Tu n'as qu'à tâter les
poches de son veston. Là. Et de son pantalon. Bien. Et la
poche-revolver. Parfait.

JESSICA: Et moi?

HOEDERER: Puisque tu le demandes. Georges. (*Georges ne
bouge pas*) Eh bien? Elle te fait peur?

GEORGES: Oh! ça va.

(*Il va jusqu'à Jessica, très rouge et l'effleure du bout
des doigts. Jessica rit*)

JESSICA: Il a des mains de camériste.*

(*Slick est arrivé devant la valise qui contenait le
revolver*)

SLICK: Les valises sont vides?

HUGO: (*tendu*) Oui.

(*Hoederer le regarde avec attention*)

HOEDERER: Celle-là aussi?

HUGO: Oui. (*Slick la soulève*)

SLICK: Non.

HUGO: Ah . . . non, pas celle-là. J'allais la défaire quand
vous êtes entrés.

HOEDERER: Ouvre.

(*Slick ouvre et fouille*)

SLICK: Rien.

HOEDERER: Bon. C'est fini. Tirez-vous.*

SLICK: (*à Hugo*) Sans rancune.*

HUGO: Sans rancune.

JESSICA: (*pendant qu'ils sortent*) J'irai vous faire visite dans votre vestibule.

SCÈNE IV

JESSICA, HOEDERER, HUGO

HOEDERER: A ta place, je n'irais pas les voir trop souvent.

JESSICA: Oh! pourquoi? Ils sont si mignons; Georges surtout: c'est une jeune fille.

HOEDERER: Hum! (*Il va vers elle*) Tu es jolie, c'est un fait. Ça ne sert à rien de le regretter. Seulement, les choses étant ce qu'elles sont, je ne vois que deux solutions. La première, si tu as le cœur assez large, c'est de faire notre bonheur à tous.

JESSICA: J'ai le cœur tout petit.

HOEDERER: Je m'en doutais. D'ailleurs, ils s'arrangeraient pour se battre tout de même. Reste la seconde solution: quand ton mari s'en va, tu t'enfermes et tu n'ouvres à personne – pas même à moi.

JESSICA: Oui. Eh bien, si vous permettez, je choisirai la troisième.

HOEDERER: Comme tu voudras. (*Il se penche sur elle et respire profondément*) Tu sens bon. Ne mets pas ce parfum quand tu iras les voir.

JESSICA: Je n'ai pas mis de parfum.

HOEDERER: Tant pis.

> (*Il se détourne et marche lentement jusqu'au milieu de la pièce puis s'arrête. Pendant toute la scène ses*

*regards furetteront partout. Il cherche quelque chose.
De temps en temps son regard s'arrête sur Hugo et le
scrute)*

Bon. Eh bien, voilà! (*Un silence*) Voilà! (*Un silence*)
Hugo, tu viendras chez moi demain matin à dix heures.

HUGO: Je sais.

HOEDERER: (*distraitement, pendant que ses yeux furettent
partout*) Bon. Bon, bon. Voilà. Tout est bien. Tout est bien
qui finit bien. Vous faites des drôles de têtes,* mes enfants.
Tout est bien, voyons! tout le monde est réconcilié, tout le
monde s'aime. . . (*Brusquement*) Tu es fatigué, mon petit.

HUGO: Ce n'est rien. (*Hoederer le regarde avec attention.
Hugo, gêné, parle avec effort*) Pour . . . l'incident de tout
à l'heure je . . . je m'excuse.

HOEDERER: (*sans cesser de le regarder*) Je n'y pensais même
plus.

HUGO: A l'avenir, vous . . .

HOEDERER: Je t'ai dit de me tutoyer.

HUGO: A l'avenir tu n'auras plus sujet de te plaindre.
J'observerai la discipline.

HOEDERER: Tu m'as déjà raconté ça. Tu es sûr que tu
n'es pas malade? (*Hugo ne répond pas*) Si tu étais malade,
il serait encore temps de me le dire et je demanderais au
Comité d'envoyer quelqu'un pour prendre ta place.

HUGO: Je ne suis pas malade.

HOEDERER: Parfait. Eh bien, je vais vous laisser. Je suppose
que vous avez envie d'être seuls. (*Il va à la table et regarde les
livres*) Hegel, Marx, très bien. Lorca, Eliot: connais pas.*

(*Il feuillette des livres*)

HUGO: Ce sont des poètes.

HOEDERER: (*prenant d'autres livres*) Poésie . . . Poésie . . .
Beaucoup de poésie. Tu écris des poèmes?

HUGO: N-non.

HOEDERER: Enfin, tu en as écrit. (*Il s'éloigne de la table, s'arrête devant le lit*) Une robe de chambre, tu te mets bien. Tu l'as emportée quand tu as quitté ton père?

HUGO: Oui.

HOEDERER: Les deux complets aussi, je suppose.

   (*Il lui tend une cigarette*)

HUGO: (*refusant*) Merci.

HOEDERER: Tu ne fumes pas? (*Geste de négation de Hugo*). Bon. Le Comité me fait dire que tu n'as jamais pris part à une action directe. C'est vrai?

HUGO: C'est vrai.

HOEDERER: Tu devais te ronger.* Tous les intellectuels rêvent de faire de l'action.

HUGO: J'étais chargé du journal.

HOEDERER: C'est ce qu'on me dit. Il y a deux mois que je ne le reçois plus. Les numéros d'avant, c'est toi qui les faisais?

HUGO: Oui.

HOEDERER: C'était du travail honnête. Et ils se sont privés d'un si bon rédacteur pour me l'envoyer?

HUGO: Ils ont pensé que je ferais ton affaire.

HOEDERER: Ils sont bien gentils. Et toi? Ça t'amusait de quitter ton travail?

HUGO: Je . . .

HOEDERER: Le journal, c'était à toi; il y avait des risques, des responsabilités; en un sens, ça pouvait même passer pour de l'action. (*Il le regarde*) Et te voilà secrétaire. (*Un temps*) Pourquoi l'as-tu quitté? Pourquoi?

HUGO: Par discipline.

HOEDERER: Ne parle pas tout le temps de discipline. Je me méfie des gens qui n'ont que ce mot à la bouche.

HUGO: J'ai besoin de discipline.

HOEDERER: Pourquoi?

HUGO: (*avec lassitude*) Il y a beaucoup trop de pensées dans ma tête. Il faut que je les chasse.

HOEDERER: Quel genre de pensées?

HUGO: "Qu'est-ce que je fais ici? Est-ce que j'ai raison de vouloir ce que je veux? Est-ce que je ne suis pas en train de me jouer la comédie?" Des trucs comme ça.

HOEDERER: (*lentement*) Oui. Des trucs comme ça. Alors, en ce moment, ta tête en est pleine?

HUGO: (*gêné*) Non . . . Non, pas en ce moment. (*Un temps*) Mais ça peut revenir. Il faut que je me défende. Que j'installe d'autres pensées dans ma tête. Des consignes: "Fais ceci. Marche. Arrête-toi. Dis cela." J'ai besoin d'obéir. Obéir et c'est tout. Manger, dormir, obéir.

HOEDERER: Ça va. Si tu obéis, on pourra s'entendre. (*Il lui met la main sur l'épaule*) Écoute . . . (*Hugo se dégage et saute en arrière. Hoederer le regarde avec un intérêt accru. Sa voix devient dure et coupante*) Ah? (*Un temps*) Ha! Ha!

HUGO: Je . . . je n'aime pas qu'on me touche.

HOEDERER: (*d'une voix dure et rapide*) Quand ils ont fouillé dans cette valise, tu as eu peur: pourquoi?

HUGO: Je n'ai pas eu peur.

HOEDERER: Si. Tu as eu peur. Qu'est-ce qu'il y a dedans?

HUGO: Ils ont fouillé et il n'y avait rien.

HOEDERER: Rien? C'est ce qu'on va voir. (*Il va à la valise et l'ouvre*) Ils cherchaient une arme. On peut cacher des armes dans une valise mais on peut aussi y cacher des papiers.

HUGO: Ou des affaires strictement personnelles.

HOEDERER: A partir du moment où tu es sous mes ordres, mets-toi bien dans la tête que tu n'as plus rien à toi. (*Il fouille*) Des chemises, des caleçons, tout est neuf. Tu as donc de l'argent?

HUGO: Ma femme en a.

HOEDERER: Qu'est-ce que c'est que ces photos? (*Il les prend et les regarde. Un silence*) C'est ça! C'est donc ça! (*Il regarde une photo*) Un costume de velours* . . . (*Il en regarde une autre*) Un grand col marin avec un béret. Quel petit Monsieur!

HUGO: Rendez-moi ces photos.

HOEDERER: Chut! (*Il le repousse*) Les voilà donc, ces affaires strictement personnelles. Tu avais peur qu'ils ne les trouvent.

HUGO: S'ils avaient mis dessus leurs sales pattes, s'ils avaient ricané en les regardant, je . . .

HOEDERER: Eh bien, le mystère est éclairci: voilà ce que c'est que de porter le crime sur sa figure: j'aurais juré que tu cachais au moins une grenade. (*Il regarde les photos*) Tu n'as pas changé. Ces petites jambes maigres . . . Évidemment tu n'avais jamais d'appétit. Tu étais si petit qu'on t'a mis debout sur une chaise, tu t'es croisé les bras et tu toises ton monde comme un Napoléon.* Tu n'avais pas l'air gai. Non . . . ça ne doit pas être drôle tous les jours d'être un gosse de riches. C'est un mauvais début dans la vie. Pourquoi trimbales-tu ton passé dans cette valise puisque tu veux l'enterrer? (*Geste vague de Hugo*) De toute façon, tu t'occupes beaucoup de toi.

HUGO: Je suis dans le Parti pour m'oublier.

HOEDERER: Et tu te rappelles à chaque minute qu'il faut que tu t'oublies. Enfin! Chacun se débrouille comme il peut. (*Il lui rend les photos*) Cache-les bien. (*Hugo les prend et les met dans la poche intérieure de son veston*) A demain, Hugo.

HUGO: A demain.

HOEDERER: Bonsoir, Jessica.

JESSICA: Bonsoir.

    (*Sur le pas de la porte, Hoederer se retourne*)

HOEDERER: Fermez les volets et tirez les verrous. On ne sait jamais qui rôde dans le jardin. C'est un ordre.

    (*Il sort*)

SCÈNE V

HUGO, JESSICA

Hugo va à la porte et donne deux tours de clé.

JESSICA: C'est vrai qu'il est vulgaire. Mais il ne porte pas de cravate à pois.

HUGO: Où est le revolver?

JESSICA: Comme je me suis amusée, ma petite abeille. C'est la première fois que je te vois aux prises avec de vrais hommes.

HUGO: Jessica, où est ce revolver?

JESSICA: Hugo, tu ne connais pas les règles de ce jeu-là: et la fenêtre? On peut nous regarder du dehors.·

    (*Hugo va fermer les volets et revient vers elle*)

HUGO: Alors?

JESSICA: (*tirant le revolver de son corsage*) Pour la fouille, Hoederer ferait mieux d'engager aussi une femme. Je vais me proposer.

HUGO: Quand l'as-tu pris?

JESSICA: Quand tu es allé ouvrir aux deux chiens de garde.

HUGO: Tu t'es bien moquée de nous. J'ai cru qu'il t'avait attrapée à son piège.

JESSICA: Moi? J'ai manqué lui rire au nez: "Je vous fais confiance! Je fais confiance à tout le monde. Que ça vous apprenne à faire confiance . . ." Qu'est-ce qu'il s'imagine? Le coup de la confiance, c'est avec les hommes que ça prend.*

HUGO: Et encore!*

JESSICA: Veux-tu te taire, ma petite abeille. Toi, tu as été ému.

HUGO: Moi? Quand?

JESSICA: Quand il t'a dit qu'il te faisait confiance.

HUGO: Non, je n'ai pas été ému.

JESSICA: Si.

HUGO: Non.

JESSICA: En tout cas, si tu me laisses jamais avec un beau garçon ne me dis pas que tu me fais confiance, parce que je te préviens: ce n'est pas ça qui m'empêchera de te tromper, si j'en ai envie. Au contraire.

HUGO: Je suis bien tranquille, je partirais les yeux fermés.

JESSICA: Tu crois qu'on me prend par les sentiments?

HUGO: Non, ma petite statue de neige; je crois à la froideur de la neige.* Le plus brûlant séducteur s'y gèlerait les doigts. Il te caresserait pour te réchauffer un peu et tu lui fondrais entre les mains.

JESSICA: Idiot! Je ne joue plus. (*Un très bref silence*) Tu as eu bien peur?

HUGO: Tout à l'heure? Non. Je n'y croyais pas. Je les regardais fouiller et je me disais: "Nous jouons la comédie." Rien ne me semble jamais tout à fait vrai.

JESSICA: Même pas moi?

HUGO: Toi? (*Il la regarde un moment puis détourne la tête*) Dis, tu as eu peur, toi aussi?

JESSICA: Quand j'ai compris qu'ils allaient me fouiller. C'était pile ou face.* Georges, j'étais sûr qu'il me toucherait à peine, mais Slick m'aurait empoignée. Je n'avais pas peur qu'il trouve le revolver: j'avais peur de ses mains.

HUGO: Je n'aurais pas dû t'entraîner dans cette histoire.

JESSICA: Au contraire, j'ai toujours rêvé d'être une aventurière.

HUGO: Jessica, ce n'est pas un jeu. Ce type est dangereux.

JESSICA: Dangereux? Pour qui?

HUGO: Pour le Parti.

JESSICA: Pour le Parti? Je croyais qu'il en était le chef.

HUGO: Il en est *un* des chefs. Mais justement: il . . .

JESSICA: Surtout, ne m'explique pas. Je te crois sur parole.

HUGO: Qu'est-ce que tu crois?

JESSICA: (*récitant*) Je crois que cet homme est dangereux, qu'il faut qu'il disparaisse et que tu viens pour l'abat . . .*

HUGO: Chut! (*Un temps*) Regarde-moi. Des fois je me dis que tu joues à me croire et que tu ne me crois pas vraiment, et d'autres fois que tu me crois au fond mais que tu fais semblant de ne pas me croire. Qu'est-ce qui est vrai?

JESSICA: (*riant*) Rien n'est vrai.

HUGO: Qu'est-ce que tu ferais si j'avais besoin de ton aide?

JESSICA: Est-ce que je ne viens pas de t'aider?

HUGO: Si, mon âme, mais ce n'est pas cette aide-là que je veux.

JESSICA: Ingrat.

HUGO: (*la regardant*) Si je pouvais lire dans ta tête . . .

JESSICA: Demande-moi.

HUGO: (*haussant les épaules*) Bah! (*Un temps*) Bon Dieu, quand on va tuer un homme, on devrait se sentir lourd comme une pierre. Il devrait y avoir du silence dans ma tête. (*Criant*) Du silence! (*Un temps*) As-tu vu comme il est dense?* Comme il est vivant? (*Un temps*) C'est vrai! C'est vrai! C'est vrai que je vais le tuer: dans une semaine il sera couché par terre et mort avec cinq trous dans la peau. (*Un temps*) Quelle comédie!

JESSICA: (*se met à rire*) Ma pauvre petite abeille, si tu veux me convaincre que tu vas devenir un assassin, il faudrait commencer par t'en convaincre toi-même.

HUGO: Je n'ai pas l'air convaincu, hein?

JESSICA: Pas du tout: tu joues mal ton rôle.

HUGO: Mais je ne joue pas, Jessica.

JESSICA: Si, tu joues.

HUGO: Non, c'est toi. C'est toujours toi.

JESSICA: Non, c'est toi. D'ailleurs comment pourrais-tu le tuer, c'est moi qui ai le revolver.

HUGO: Rends-moi ce revolver.

JESSICA: Jamais de la vie: je l'ai gagné. Sans moi tu te le serais fait prendre.

HUGO: Rends-moi ce revolver.

JESSICA: Non, je ne te le rendrai pas, j'irai trouver Hoederer et je lui dirai: je viens faire votre bonheur et, pendant qu'il m'embrassera . . . (*Hugo qui fait semblant de se résigner, se jette sur elle, même jeu qu'à la première scène, ils tombent sur le lit, luttent, crient et rient. Hugo finit par lui arracher le revolver pendant que le rideau tombe et qu'elle crie*) Attention! Attention! Le revolver va partir!*

Rideau

QUATRIÈME TABLEAU

LE BUREAU DE HOEDERER

Pièce austère mais confortable. A droite, un bureau; au milieu, une table chargée de livres et de feuillets avec un tapis qui tombe jusqu'au plancher. A gauche, sur le côté, une fenêtre au travers de laquelle on voit les arbres du jardin. Au fond, à droite, une porte; à gauche de la porte, une table de cuisine qui supporte un fourneau à gaz. Sur le fourneau, une cafetière. Chaises disparates. C'est l'après-midi. Hugo est seul. Il s'approche du bureau, prend le porte-plume de Hoederer et le touche. Puis il remonte jusqu'au fourneau, prend la cafetière et la regarde en sifflotant. Jessica entre doucement.

SCÈNE PREMIÈRE

JESSICA, HUGO

JESSICA: Qu'est-ce que tu fais avec cette cafetière?

    (*Hugo repose précipitamment la cafetière*)

HUGO: Jessica, on t'a défendu d'entrer dans ce bureau.

JESSICA: Qu'est-ce que tu faisais avec cette cafetière?

HUGO: Et toi, qu'est-ce que tu viens faire ici?

JESSICA: Te voir, mon âme.

HUGO: Eh bien, tu m'as vu. File!* Hoederer va descendre.

JESSICA: Comme je m'ennuyais de toi,* ma petite abeille!

HUGO: Je n'ai pas le temps de jouer, Jessica.

JESSICA: (*regardant autour d'elle*) Naturellement tu n'avais rien su me décrire. Ça sent le tabac refroidi comme dans le bureau de mon père quand j'étais petite. C'est pourtant facile de parler d'une odeur.

HUGO: Écoute-moi bien . . .

JESSICA: Attends! (*Elle fouille dans la poche de son tailleur*) J'étais venue pour t'apporter ça.

HUGO: Quoi, ça?

JESSICA: (*sortant le revolver de sa poche et le tendant à Hugo sur la paume de sa main*) Ça! Tu l'avais oublié.

HUGO: Je ne l'ai pas oublié: je ne l'emporte jamais.

JESSICA: Justement: tu ne devrais pas t'en séparer.

HUGO: Jessica, puisque tu n'as pas l'air de comprendre, je te dis tout net que je te défends de remettre les pieds ici. Si tu veux jouer, tu as le jardin et le pavillon.

JESSICA: Hugo, tu me parles comme si j'avais six ans.

HUGO: A qui la faute? C'est devenu insupportable; tu ne peux plus me regarder sans rire. Ce sera joli quand nous aurons cinquante ans. Il faut en sortir; ce n'est qu'une habitude, tu sais; une sale habitude que nous avons prise ensemble. Est-ce que tu me comprends?

JESSICA: Très bien.

HUGO: Tu veux bien faire un effort?

JESSICA: Oui.

HUGO: Bon. Eh bien, commence par rentrer ce revolver.

JESSICA: Je ne peux pas.

HUGO: Jessica!

JESSICA: Il est à toi, c'est à toi de le prendre.

HUGO: Mais puisque je te dis que je n'en ai que faire!

JESSICA: Et moi, qu'est-ce que tu veux que j'en fasse?

HUGO: Ce que tu voudras, ça ne me regarde pas.

JESSICA: Tu ne prétends pas obliger ta femme à promener toute la journée une arme à feu dans sa poche?

HUGO: Rentre chez nous et va la déposer dans ma valise.

JESSICA: Mais je n'ai pas envie de rentrer; tu es monstrueux!

HUGO: Tu n'avais qu'à ne pas l'apporter.

JESSICA: Et toi, tu n'avais qu'à ne pas l'oublier.

HUGO: Je te dis que je ne l'ai pas oublié.

JESSICA: Non? Alors, Hugo, c'est que tu as changé tes projets.

HUGO: Chut!

JESSICA: Hugo, regarde-moi dans les yeux. Oui ou non, as-tu changé tes projets?

HUGO: Non, je ne les ai pas changés.

JESSICA: Oui ou non, as-tu l'intention de . . .

HUGO: Oui! Oui! Oui! Mais pas aujourd'hui.

JESSICA: Oh! Hugo, mon petit Hugo, pourquoi pas aujourd'hui? Je m'ennuie tant, j'ai fini tous les romans que tu m'as donnés et je n'ai pas de goût pour rester toute la journée sur mon lit comme une odalisque,* ça me fait engraisser. Qu'attends-tu?

HUGO: Jessica, tu joues encore.

JESSICA: C'est toi qui joues. Voilà dix jours que tu prends de grands airs pour m'impressionner et finalement l'autre vit toujours. Si c'est un jeu, il dure trop longtemps: nous ne parlons plus qu'à voix basse, de peur qu'on ne nous entende, et il faut que je te passe toutes tes humeurs, comme si tu étais une femme enceinte.*

HUGO: Tu sais bien que ce n'est pas un jeu.

JESSICA: (sèchement) Alors c'est pis: j'ai horreur que les gens ne fassent pas ce qu'ils ont décidé de faire. Si tu veux que je te croie, il faut en finir aujourd'hui même.

HUGO: Aujourd'hui, c'est inopportun.

JESSICA: (*reprenant sa voix ordinaire*) Tu vois!

HUGO: Ah! tu m'assommes. Il attend des visites, là!

JESSICA: Combien?

HUGO: Deux.

JESSICA: Tue-les aussi.

HUGO: Il n'y a rien de plus déplacé qu'une personne qui s'obstine à jouer quand les autres n'en ont pas envie. Je ne te demande pas de m'aider, oh non! Je voudrais simplement que tu ne me gênes pas.

JESSICA: Bon! Bon! Fais ce que tu voudras puisque tu me tiens en dehors de ta vie. Mais prends ce revolver parce que, si je le garde, il déformera mes poches.

HUGO: Si je le prends, tu t'en iras?

JESSICA: Commence par le prendre.

    (*Hugo prend le revolver et le met en poche*)

HUGO: A présent, file.

JESSICA: Une minute! J'ai tout de même le droit de jeter un coup d'œil dans le bureau où mon mari travaille. (*Elle passe derrière le bureau de Hoederer. Désignant le bureau*) Qui s'assied là? Lui ou toi?

HUGO: (*de mauvaise grâce*) Lui. (*Désignant la table*) Moi, je travaille à cette table.

JESSICA: (*sans l'écouter*) C'est son écriture?

    (*Elle a pris une feuille sur le bureau*)

HUGO: Oui.

JESSICA: (*vivement intéressée*) Ha! Ha! ha!

HUGO: Pose ça.

JESSICA: Tu as vu comme elle monte? et qu'il trace les lettres sans les relier?*

HUGO: Après?

JESSICA: Comment, après? C'est très important.

HUGO: Pour qui?

JESSICA: Tiens! Pour connaître son caractère. Autant savoir qui on tue.* Et l'espace qu'il laisse entre les mots! On dirait que chaque lettre est une petite île; les mots ce seraient des archipels. Ça veut sûrement dire quelque chose.

HUGO: Quoi?

JESSICA: Je ne sais pas. Que c'est agaçant: ses souvenirs d'enfance, les femmes qu'il a eues, sa façon d'être amoureux, tout est là et je ne sais pas lire . . . Hugo, tu devrais m'acheter un livre de graphologie, je sens que je suis douée.

HUGO: Je t'en achèterai un si tu t'en vas tout de suite.

JESSICA: On dirait un tabouret de piano.

HUGO: C'en est un.

JESSICA: (s'asseyant sur le tabouret et le faisant tourner) Comme c'est agréable! Alors, il s'assied, il fume, il parle et tourne sur son tabouret.

HUGO: Oui.

(Jessica débouche un carafon sur le bureau et le flaire)

JESSICA: Il boit?

HUGO: Comme un trou.

JESSICA: En travaillant?

HUGO: Oui.

JESSICA: Et il n'est jamais saoul?

HUGO: Jamais.

JESSICA: J'espère que tu ne bois pas d'alcool, même s'il t'en offre: tu ne le supportes pas.

HUGO: Ne fais pas la grande sœur; je sais très bien que je ne supporte pas l'alcool, ni le tabac, ni le chaud, ni le froid, ni l'humidité, ni l'odeur des foins, ni rien du tout.

JESSICA: (*lentement*) Il est là, il parle, il fume, il boit, il tourne sur son guéridon . . .

HUGO: Oui et moi je . . .

JESSICA: (*avisant le fourneau*) Qu'est-ce que c'est? Il fait sa cuisine lui-même?

HUGO: Oui.

JESSICA: (*éclatant de rire*) Mais pourquoi? Je pourrais la lui faire, moi, puisque je fais la tienne; il pourrait venir manger avec nous.

HUGO: Tu ne la ferais pas aussi bien que lui; et puis je crois que ça l'amuse. Le matin il nous fait du café. Du très bon café de marché noir . . .

JESSICA: (*désignant la cafetière*) Là-dedans?

HUGO: Oui.

JESSICA: C'est la cafetière que tu avais dans les mains quand je suis entrée?

HUGO: Oui.

JESSICA: Pourquoi l'avais-tu prise? Qu'est-ce que tu y cherchais?

HUGO: Je ne sais pas. (*Un temps*) Elle a l'air vraie quand il la touche. (*Il la prend*) Tout ce qu'il touche a l'air vrai. Il verse le café dans les tasses, je bois, je le regarde boire et je sens que le vrai goût du café est dans sa bouche à lui. (*Un temps*) C'est le vrai goût du café qui va disparaître, la vraie chaleur, la vraie lumière. Il ne restera que ça.

   (*Il montre sa cafetière*)

JESSICA: Quoi, ça?

HUGO: (*montrant d'un geste plus large la pièce entière*) Ça: des mensonges. (*Il repose la cafetière*) Je vis dans un décor.

   (*Il s'absorbe dans ses réflexions*)

JESSICA: Hugo!

HUGO: (*sursautant*) Eh?

JESSICA: L'odeur du tabac s'en ira quand il sera mort. (*Brusquement*) Ne le tue pas.

HUGO: Tu crois donc que je vais le tuer? Réponds? Tu le crois?

JESSICA: Je ne sais pas. Tout a l'air si tranquille. Et puis ça sent mon enfance* . . . Il n'arrivera rien! Il ne peut rien arriver, tu te moques de moi.

HUGO: Le voilà. File par la fenêtre.

    (*Il cherche à l'entraîner*)

JESSICA: (*résistant*) Je voudrais voir comment vous êtes quand vous êtes seuls.

HUGO: (*l'entraînant*) Viens vite.

JESSICA: (*très vite*) Chez mon père, je me mettais sous la table et je le regardais travailler pendant des heures.

    (*Hugo ouvre la fenêtre de la main gauche, Jessica lui échappe et se glisse sous la table. Hoederer entre*)

SCÈNE II

Les mêmes, HOEDERER

HOEDERER: Qu'est-ce que tu fais là-dessous?

JESSICA: Je me cache.

HOEDERER: Pour quoi faire?

JESSICA: Pour voir comment vous êtes quand je ne suis pas là.

HOEDERER: C'est manqué. (*A Hugo*) Qui l'a laissée entrer?

HUGO: Je ne sais pas.

HOEDERER: C'est ta femme: tiens-la mieux que ça.

JESSICA: Ma pauvre petite abeille, il te prend pour mon mari.

HOEDERER: Ce n'est pas ton mari?

JESSICA: C'est mon petit frère.*

HOEDERER: (*à Hugo*) Elle ne te respecte pas.

HUGO: Non.

HOEDERER: Pourquoi l'as-tu épousée?

HUGO: Parce qu'elle ne me respectait pas.

HOEDERER: Quand on est du Parti, on se marie avec quelqu'un du Parti.

JESSICA: Pourquoi?

HOEDERER: C'est plus simple.

JESSICA: Comment savez-vous que je ne suis pas du Parti?

HOEDERER: Ça se voit. (*Il la regarde*) Tu ne sais rien faire, sauf l'amour . . .

JESSICA: Même pas l'amour. (*Un temps*) Est-ce que vous pensez que je dois m'inscrire au Parti?

HOEDERER: Tu peux faire ce que tu veux: le cas est désespéré.

JESSICA: Est-ce que c'est ma faute?

HOEDERER: Que veux-tu que j'en sache? Je suppose que tu es à moitié victime, à moitié complice, comme tout le monde.

JESSICA: (*avec une brusque violence*) Je ne suis complice de personne. On a décidé de moi sans me demander mon avis.

HOEDERER: C'est bien possible. De toute façon la question de l'émancipation des femmes ne me passionne pas.

JESSICA: (*désignant Hugo*) Vous croyez que je lui fais du mal?

HOEDERER: C'est pour me demander ça que tu es venue ici?

JESSICA: Pourquoi pas?

HOEDERER: Je suppose que tu es son luxe. Les fils de bourgeois qui viennent à nous ont la rage d'emporter avec eux un peu de leur luxe passé, comme souvenir. Les uns, c'est leur liberté de penser, les autres, une épingle de cravate. Lui, c'est sa femme.

JESSICA: Oui. Et vous, naturellement vous n'avez pas besoin de luxe.

HOEDERER: Naturellement non. (*Ils se regardent*) Allez, ouste,* disparais, et ne remets plus les pieds ici.

JESSICA: Ça va. Je vous laisse à votre amitié d'hommes.

(*Elle sort avec dignité*)

SCÈNE III

HUGO, HOEDERER

HOEDERER: Tu tiens à elle?

HUGO: Naturellement.

HOEDERER: Alors, défends-lui de remettre les pieds ici. Quand j'ai à choisir entre un type et une bonne femme, c'est le type que je choisis; mais il ne faut tout de même pas me rendre la tâche trop difficile.

HUGO: Qui vous demande de choisir?

HOEDERER: Aucune importance: de toute façon c'est toi que j'ai choisi.

HUGO: (*riant*) Vous ne connaissez pas Jessica.

HOEDERER: Ça se peut bien. Tant mieux, alors. (*Un temps*) Dis-lui tout de même de ne pas revenir. (*Brusquement*) Quelle heure est-il?

HUGO: Quatre heures dix.

HOEDERER: Ils sont en retard.

(*Il va à la fenêtre, jette un coup d'œil au dehors puis revient*)

HUGO: Vous n'avez rien à me dicter?

HOEDERER: Pas aujourd'hui. (*Sur un mouvement de Hugo*) Non. Reste. Quatre heures dix?

HUGO: Oui.

HOEDERER: S'ils ne viennent pas, ils le regretteront.

HUGO: Qui vient?

HOEDERER: Tu verras. Des gens de ton monde.* (*Il fait quelques pas*) Je n'aime pas attendre. (*Revenant vers Hugo*) S'ils viennent, l'affaire est dans le sac; mais, s'ils ont eu peur au dernier moment, tout est à recommencer. Et je crois que je n'en aurai pas le temps. Quel âge as-tu?

HUGO: Vingt et un ans.

HOEDERER: Tu as du temps, toi.

HUGO: Vous n'êtes pas si vieux non plus.

HOEDERER: Je ne suis pas vieux mais je suis visé.* (*Il lui montre le jardin*) De l'autre côté de ces murs, il y a des types qui pensent nuit et jour à me descendre; et comme, moi, je ne pense pas tout le temps à me garder, ils finiront sûrement par m'avoir.

HUGO: Comment savez-vous qu'ils y pensent nuit et jour?

HOEDERER: Parce que je les connais. Ils ont de la suite dans les idées.*

HUGO: Vous les connaissez?

HOEDERER: Oui. Tu as entendu un bruit de moteur?

HUGO: Non. (*Ils écoutent*) Non.

HOEDERER: Ce serait le moment pour un de ces types de sauter par-dessus le mur. Il aurait l'occasion de faire du beau travail.

HUGO: (*lentement*) Ce serait le moment . . .

HOEDERER: (*le regardant*) Tu comprends, il vaudrait mieux pour eux que je ne puisse pas recevoir ces visites. (*Il va au bureau et se verse à boire*) Tu en veux?

HUGO: Non. (*Un temps*) Vous avez peur?

HOEDERER: De quoi?

HUGO: De mourir.

HOEDERER: Non, mais je suis pressé. Je suis tout le temps pressé. Autrefois ça m'était égal d'attendre. A présent je ne peux plus.

HUGO: Comme vous devez les haïr.

HOEDERER: Pourquoi? Je n'ai pas d'objection de principe contre l'assassinat politique. Ça se pratique dans tous les partis.

HUGO: Donnez-moi de l'alcool.

HOEDERER: (*étonné*) Tiens! (*Il prend le carafon et lui verse à boire. Hugo boit sans cesser de le regarder*) Eh bien quoi? Tu ne m'as jamais vu?

HUGO: Non. Je ne vous ai jamais vu.

HOEDERER: Pour toi je ne suis qu'une étape, hein? C'est naturel. Tu me regardes du haut de ton avenir. Tu te dis: "Je passerai deux ou trois ans chez ce bonhomme et, quand il sera crevé, j'irai ailleurs et je. ferai autre chose . . ."

HUGO: Je ne sais pas si je ferai jamais autre chose.

HOEDERER: Dans vingt ans tu diras à tes copains: "C'était le temps où j'étais secrétaire chez Hoederer." Dans vingt ans. C'est marrant!

HUGO: Dans vingt ans . . .

HOEDERER: Eh bien?

HUGO: C'est loin.

HOEDERER: Pourquoi? Tu es tubard?*

HUGO: Non. Donnez-moi encore un peu d'alcool. (*Hoederer lui verse à boire*) Je n'ai jamais eu l'impression que je ferai de vieux os. Moi aussi, je suis pressé.

HOEDERER: Ce n'est pas la même chose.

HUGO: Non. (*Un temps*) Des fois, je donnerais ma main à couper pour devenir tout de suite un homme et d'autres fois il me semble que je ne voudrais pas survivre à ma jeunesse.

HOEDERER: Je ne sais pas ce que c'est.

HUGO: Comment?

HOEDERER: La jeunesse, je ne sais pas ce que c'est: je suis passé directement de l'enfance à l'âge d'homme.

HUGO: Oui. C'est une maladie bourgeoise. (*Il rit*) Il y en a beaucoup qui en meurent.

HOEDERER: Veux-tu que je t'aide?

HUGO: Hein?

HOEDERER: Tu as l'air si mal parti. Veux-tu que je t'aide?

HUGO: (*dans un sursaut*) Pas vous! (*Il se reprend très vite*) Personne ne peut m'aider.

HOEDERER: (*allant à lui*) Écoute, mon petit. (*Il s'arrête et écoute*) Les voilà. (*Il va à la fenêtre. Hugo l'y suit*) Le grand, c'est Karsky, le secrétaire du Pentagone. Le gros, c'est le prince Paul.

HUGO: Le fils du Régent?

HOEDERER: Oui. (*Il a changé de visage, il a l'air indifférent, dur et sûr de lui*) Tu as assez bu. Donne-moi ton verre. (*Il le vide dans le jardin*) Va t'asseoir; écoute tout ce qu'on te dira et si je te fais signe, tu prendras des notes.

(*Il referme la fenêtre et va s'asseoir à son bureau*)

SCÈNE IV

Les mêmes, KARSKY, LE PRINCE PAUL, SLICK, GEORGES

Les deux visiteurs entrent, suivis par Slick et Georges qui leur poussent leurs mitraillettes dans les reins.

KARSKY: Je suis Karsky.

HOEDERER: (*sans se lever*) Je vous reconnais.

KARSKY: Vous savez qui est avec moi?

HOEDERER: Oui.

KARSKY: Alors renvoyez vos molosses.

HOEDERER: Ça va comme ça, les gars. Tirez-vous.*

    (*Slick et Georges sortent*)

KARSKY: (*ironiquement*) Vous êtes bien gardé.

HOEDERER: Si je n'avais pas pris quelques précautions ces derniers temps, je n'aurais pas le plaisir de vous recevoir.

KARSKY: (*se retournant vers Hugo*) Et celui-ci.

HOEDERER: C'est mon secrétaire. Il reste avec nous.

KARSKY: (*s'approchant*) Vous êtes Hugo Barine? (*Hugo ne répond pas*) Vous marchez avec ces gens?

HUGO: Oui.

KARSKY: J'ai rencontré votre père la semaine dernière. Est-ce que ça vous intéresse encore d'avoir de ses nouvelles?

HUGO: Non.

KARSKY: Il est fort probable que vous porterez la responsabilité de sa mort.

HUGO: Il est à peu près certain qu'il porte la responsabilité de ma vie. Nous sommes quittes.

KARSKY: (*sans élever la voix*) Vous êtes un petit malheureux.*

HUGO: Dites-moi . . .

HOEDERER: Silence, toi. (*A Karsky*) Vous n'êtes pas venu ici pour insulter mon secrétaire, n'est-ce pas? Asseyez-vous, je vous prie. (*Ils s'asseyent*) Cognac?

KARSKY: Merci.

LE PRINCE: Je veux bien.

    (*Hoederer le sert*)

KARSKY: Voilà donc le fameux Hoederer. (*Il le regarde*) Avant-hier vos hommes ont encore tiré sur les nôtres.

HOEDERER: Pourquoi?

KARSKY: Nous avions un dépôt d'armes dans un garage et vos types voulaient le prendre: c'est aussi simple que ça.

HOEDERER: Ils ont eu les armes?

KARSKY: Oui.

HOEDERER: Bien joué.

KARSKY: Il n'y a pas de quoi être fier: ils sont venus à dix contre un.

HOEDERER: Quand on veut gagner, il vaut mieux se mettre à dix contre un, c'est plus sûr.

KARSKY: Ne poursuivons pas cette discussion, je crois que nous ne nous entendrons jamais: nous ne sommes pas de la même race.

HOEDERER: Nous sommes de la même race, mais nous ne sommes pas de la même classe.

LE PRINCE: Messieurs, si nous venions à nos affaires.

HOEDERER: D'accord. Je vous écoute.

KARSKY: C'est nous qui vous écoutons.

HOEDERER: Il doit y avoir malentendu.

KARSKY: C'est probable. Si je n'avais pas cru que vous aviez une proposition précise à nous faire, je ne me serais pas dérangé pour vous voir.

HOEDERER: Je n'ai rien à proposer.

KARSKY: Parfait.

(*Il se lève*)

LE PRINCE: Messieurs, je vous en prie. Rasseyez-vous, Karsky. C'est un mauvais début. Est-ce que nous ne pourrions pas mettre un peu de rondeur* dans cet entretien?

KARSKY: (*au Prince*) De la rondeur? Avez-vous vu ses yeux quand ses deux chiens de garde nous poussaient devant eux avec leurs mitraillettes? Ces gens-là nous détestent. C'est sur votre insistance que j'ai consenti à cette entrevue, mais je suis convaincu qu'il n'en sortira rien de bon.

LE PRINCE: Karsky, vous avez organisé l'an dernier deux attentats contre mon père et pourtant j'ai accepté de vous rencontrer. Nous n'avons peut-être pas beaucoup de raisons de nous aimer mais nos sentiments ne comptent plus quand il s'agit de l'intérêt national. (*Un temps*) Cet intérêt, bien sûr, il est arrivé que nous ne l'entendions pas toujours de la même façon. Vous, Hoederer, vous vous êtes fait l'interprète peut-être un peu trop exclusif des revendications légitimes de la classe travailleuse. Mon père et moi, qui avons toujours été favorables à ces revendications, nous avons été obligés, devant l'attitude inquiétante de l'Allemagne, de les faire passer au second plan, parce que nous avons compris que notre premier devoir était de sauvegarder l'indépendance du territoire, fût-ce au prix de mesures impopulaires.

HOEDERER: C'est-à-dire en déclarant la guerre à l'U.R.S.S.

LE PRINCE: (*enchaînant*) De leur côté, Karsky et ses amis, qui ne partageaient pas notre point de vue sur la politique extérieure, ont peut-être sous-estimé la nécessité qu'il y avait pour l'Ilyrie à se présenter unie et forte aux yeux de l'étranger, comme un seul peuple derrière un seul chef; et ils ont formé un parti clandestin de résistance. Voilà comment il arrive que des hommes également honnêtes, également dévoués à leur patrie se trouvent séparés momentanément par les différentes conceptions qu'ils ont de leur devoir. (*Hoederer rit grossièrement*) Plaît-il?

HOEDERER: Rien. Continuez.

LE PRINCE: Aujourd'hui, les positions se sont heureusement rapprochées et il semble que chacum de nous ait une compréhension plus large du point de vue des autres. Mon père n'est pas désireux de poursuivre cette guerre inutile et coûteuse. Naturellement nous ne sommes pas en mesure de conclure une paix séparée, mais je puis vous garantir que les opérations militaires seront conduites sans excès de zèle. De son côté, Karsky estime que les divisions intestines ne peuvent que desservir la cause de notre pays et nous souhaitons les uns et les autres préparer la paix de demain en réalisant aujourd'hui l'union nationale. Bien entendu cette union ne saurait se faire ouvertement sans éveiller les soupçons de l'Allemagne, mais elle trouvera son cadre dans les organisations clandestines qui existent déjà.

HOEDERER: Et alors?

LE PRINCE: Eh bien, c'est tout. Karsky et moi voulions vous annoncer l'heureuse nouvelle de notre accord de principe.

HOEDERER: En quoi cela me regarde-t-il?

KARSKY: En voilà assez: nous perdons notre temps.

LE PRINCE: (*enchaînant*) Il va de soi que cette union doit être aussi large que possible. Si le Parti. Prolétarien témoigne le désir de se joindre à nous . . .

HOEDERER: Qu'est-ce que vous offrez?

KARSKY: Deux voix pour votre Parti dans le Comité National Clandestin que nous allons constituer.

HOEDERER: Deux voix sur combien?

KARSKY: Sur douze.

HOEDERER: (*feignant un étonnement poli*) Deux voix sur douze?

KARSKY: Le Régent déléguera quatre de ses conseillers et les six autres voix seront au Pentagone. Le président sera élu.

HOEDERER: (*ricanant*) Deux voix sur douze.

KARSKY: Le Pentagone embrasse la majeure partie du paysannat, soit cinquante-sept pour cent de la population, plus la quasi-totalitié de la classe bourgeoise, le prolétariat ouvrier représente à peine vingt pour cent du pays et vous ne l'avez pas tout entier derrière vous.

HOEDERER: Bon. Après?

KARSKY: Nous opérerons un remaniement et une fusion par la base de nos deux organisations clandestines. Vos hommes entreront dans notre dispositif pentagonal.*

HOEDERER: Vous voulez dire que nos troupes seront absorbées par le Pentagone.

KARSKY: C'est la meilleure formule de réconciliation.

HOEDERER: En effet: la réconciliation par anéantissement d'un des adversaires. Après cela, il est parfaitement logique de ne nous donner que deux voix au Comité Central. C'est même encore trop: ces deux voix ne représentent plus rien.

KARSKY: Vous n'êtes pas obligé d'accepter.

LE PRINCE: (*précipitamment*) Mais si vous acceptiez, naturellement, le gouvernement serait disposé à abroger les lois de 39 sur la presse, l'unité syndicale et la carte de travailleur.*

HOEDERER: Comme c'est tentant! (*Il frappe sur la table*) Bon. Eh bien, nous avons fait connaissance; à présent mettons-nous au travail. Voici mes conditions: un comité directeur réduit à six membres. Le Parti Prolétarien disposera de trois voix; vous vous répartirez les trois autres comme vous voudrez. Les organisations clandestines resteront rigoureusement séparées et n'entreprendront d'action commune que sur un vote du Comité Central. C'est à prendre ou à laisser.

KARSKY: Vous vous moquez de nous?

HOEDERER: Vous n'êtes pas obligés d'accepter.

KARSKY: (*au Prince*) Je vous avais dit qu'on ne pouvait pas s'entendre avec ces gens-là. Nous avons les deux tiers du pays, l'argent, les armes, des formations paramilitaires entraînées, sans compter la priorité morale que nous donnent nos martyrs; et voilà une poignée d'hommes sans le sou qui réclame tranquillement la majorité au Comité Central.

HOEDERER: Alors? C'est non?

KARSKY: C'est non. Nous nous passerons de vous.

HOEDERER: Alors, allez-vous-en. (*Karsky hésite un instant, puis se dirige vers la porte. Le Prince ne bouge pas*) Regardez le Prince, Karsky: il est plus malin que vous et il a déjà compris.

LE PRINCE: (*à Karsky, doucement*) Nous ne pouvons pas rejeter ces propositions sans examen.

KARSKY: (*violemment*) Ce ne sont pas des propositions; ce sont des exigences absurdes que je refuse de discuter.

(*Mais il demeure immobile*)

HOEDERER: En 42 la police traquait vos hommes et les nôtres, vous organisiez des attentats contre le Régent et nous sabotions la production de guerre; quand un type du Pentagone rencontrait un gars de chez nous il y en avait toujours un des deux qui restait sur le carreau.* Aujourd'hui, brusquement, vous voulez que tout le monde s'embrasse. Pourquoi?

LE PRINCE: Pour le bien de la Patrie.

HOEDERER: Pourquoi n'est-ce pas le même bien qu'en 42? (*Un silence*) Est-ce que ce ne serait pas parce que les Russes ont battu Paulus à Stalingrad* et que les troupes allemandes sont en train de perdre la guerre?

LE PRINCE: Il est évident que l'évolution du conflit crée une situation nouvelle. Mais je ne vois pas . . .

HOEDERER: Je suis sûr que vous voyez très bien au contraire . . . Vous voulez sauver l'Illyrie, j'en suis convaincu. Mais vous voulez la sauver telle qu'elle est, avec son régime d'inégalité sociale et ses privilèges de classe. Quand les Allemands semblaient vainqueurs, votre père s'est rangé de leur côté. Aujourd'hui que la chance tourne, il cherche à s'accommoder des Russes. C'est plus difficile.

KARSKY: Hoederer, c'est en luttant contre l'Allemagne que tant des nôtres sont tombés et je ne vous laisserai pas dire que nous avons pactisé avec l'ennemi pour conserver nos privilèges.

HOEDERER: Je sais, Karsky: le Pentagone était anti-allemand. Vous aviez la partie belle:* le Régent donnait des gages à Hitler* pour l'empêcher d'envahir l'Illyrie. Vous étiez aussi anti-russe, parce que les Russes étaient loin. L'Illyrie, l'Illyrie seule: je connais la chanson. Vous l'avez chantée pendant deux ans à la bourgeoisie nationaliste. Mais les Russes se rapprochent, avant un an ils seront chez nous; l'Illyrie ne sera plus tout à fait aussi seule. Alors? Il faut trouver des garanties. Quelle chance si vous pouviez leur dire: le Pentagone travaillait pour vous et le Régent jouait double jeu. Seulement voilà: ils ne sont pas obligés de vous croire. Que feront-ils? Hein? Que feront-ils? Après tout nous leur avons déclaré la guerre.

LE PRINCE: Mon cher Hoederer, quand l'U.R.S.S. comprendra que nous avons sincèrement . . .

HOEDERER: Quand elle comprendra qu'un dictateur fasciste et un parti conservateur ont sincèrement volé au secours de sa victoire, je doute qu'elle leur soit très reconnaissante. (*Un temps*) Un seul parti a conservé la confiance de l'U.R.S.S., un seul a su rester en contact avec elle pendant toute la guerre, un seul parti peut envoyer des émissaires à travers les lignes, un seul peut garantir votre petite combinaison:* c'est le nôtre. Quand les Russes seront ici, ils verront par nos yeux. (*Un temps*) Allons: il faut en passer par où nous voudrons.

KARSKY: J'aurais dû refuser de venir.

LE PRINCE: Karsky!

KARSKY: J'aurais dû prévoir que vous répondriez à des propositions honnêtes par un chantage abject.

HOEDERER: Criez: je ne suis pas susceptible. Criez comme un cochon qu'on égorge. Mais retenez ceci: quand les armées soviétiques seront sur notre territoire, nous prendrons le pouvoir ensemble, vous et nous, si nous avons travaillé ensemble; mais si nous n'arrivons pas à nous entendre, à la fin de la guerre mon parti gouvernera *seul*. A présent, il faut choisir.

KARSKY: Je...

LE PRINCE: (*à Karsky*) La violence n'arrangera rien: il faut prendre une vue réaliste de la situation.

KARSKY: (*au Prince*) Vous êtes un lâche: vous m'avez attiré dans un guet-apens pour sauver votre tête.

HOEDERER: Quel guet-apens? Allez-vous-en si vous voulez. Je n'ai pas besoin de vous pour m'entendre avec le Prince.

KARSKY: (*au Prince*) Vous n'allez pas...

LE PRINCE: Pourquoi donc? Si la combinaison vous déplaît, nous ne voudrions pas vous obliger à y participer, mais ma décision ne dépend pas de la vôtre.

HOEDERER: Il va de soi que l'alliance de notre Parti avec le gouvernement du Régent mettra le Pentagone en situation difficile pendant les derniers mois de la guerre; il va de soi aussi que nous procéderons à sa liquidation définitive quand les Allemands seront battus. Mais puisque vous tenez à rester pur...

KARSKY: Nous avons lutté trois ans pour l'indépendance de notre pays, des milliers de jeunes gens sont morts pour notre cause, nous avons forcé l'estime du monde, tout cela pour qu'un beau jour le parti allemand s'associe au parti russe et nous assassine au coin d'un bois.

HOEDERER: Pas de sentimentalisme, Karsky: vous avez perdu parce que vous deviez perdre. "L'Illyrie, l'Illyrie seule..." c'est un slogan qui protège mal un petit pays entouré de puissants voisins. (*Un temps*) Acceptez-vous mes conditions?

KARSKY: Je n'ai pas qualité pour accepter:* je ne suis pas seul.

HOEDERER: Je suis pressé, Karsky.

LE PRINCE: Mon cher Hoederer, nous pourrions peut-être lui laisser le temps de réfléchir: la guerre n'est pas finie et nous n'en sommes pas à huit jours près.*

HOEDERER: Moi, j'en suis à huit jours près. Karsky, je vous fais confiance. Je fais toujours confiance aux gens, c'est un principe. Je sais que vous devez consulter vos amis mais je sais aussi que vous les convaincrez. Si vous me donnez aujourd'hui votre acceptation de principe, je parlerai demain aux camarades du Parti.

HUGO: (*se dressant brusquement*) Hoederer!

HOEDERER: Quoi?

HUGO: Comment osez-vous . . .?

HOEDERER: Tais-toi.

HUGO: Vous n'avez pas le droit. Ce sont . . . Mon Dieu! ce sont les mêmes. Les mêmes qui venaient chez mon père . . . Ce sont les mêmes bouches mornes et frivoles et . . . et ils me poursuivent jusqu'ici. Vous n'avez pas le droit, ils se glisseront partout, ils pourriront tout, ce sont les plus forts . . .

HOEDERER: Vas-tu te taire!

HUGO: Écoutez bien, vous deux: il n'aura pas le Parti derrière lui pour cette combine! Ne comptez pas sur lui pour vous blanchir, il n'aura pas le Parti derrière lui.

HOEDERER: (*calmement, aux deux autres*) Aucune importance. C'est une réaction strictement personnelle.

LE PRINCE: Oui, mais ces cris sont ennuyeux. Est-ce qu'on ne pourrait pas demander à vos gardes du corps de faire sortir ce jeune homme?

HOEDERER: Mais comment! Il va sortir de lui-même.

(*Il se lève et va vers Hugo*)

HUGO: (*reculant*) Ne me touchez pas. (*Il met la main à la poche où se trouve son revolver*) Vous ne voulez pas m'écouter? Vous ne voulez pas m'écouter?

(*A ce moment une forte détonation se fait entendre, les vitres volent en éclats, les montants de la fenêtre sont arrachés*)

HOEDERER: A plat ventre!

> (*Il saisit Hugo par les épaules et le jette par terre. Les deux autres s'aplatissent aussi*)

SCÈNE V

Les mêmes, LEON, SLICK, GEORGES: *qui entrent en courant.* **Plus tard**, JESSICA

SLICK: Tu es blessé?

HOEDERER: (*se relevant*) Non. Personne n'est blessé? (*A Karsky qui s'est relevé*) Vous saignez?

KARSKY: Ce n'est rien. Des éclats de verre.

GEORGES: Grenade?

HOEDERER: Grenade ou pétard.* Mais ils ont visé trop court. Fouillez le jardin.

HUGO: (*tourné vers la fenêtre, pour lui-même*) Les salauds! Les salauds!

> (*Léon et Georges sautent par la fenêtre*)

HOEDERER: (*au Prince*) J'attendais quelque chose de ce genre mais je regrette qu'ils aient choisi ce moment.

LE PRINCE: Bah! Ça me rappelle le palais de mon père. Karsky! Ce sont vos hommes qui ont fait le coup?

KARSKY: Vous êtes fou?

HOEDERER: C'est moi qu'on visait; cette affaire ne regarde que moi. (*A Karsky*) Vous voyez: mieux vaut prendre des précautions. (*Il le regarde*) Vous saignez beaucoup.

> (*Jessica entre, essoufflée*)

JESSICA: Hoederer est tué?

HOEDERER: Votre mari n'a rien. (*A Karsky*) Léon vous fera

monter dans ma chambre et vous pansera et puis nous reprendrons cet entretien.

SLICK: Vous devriez tous monter, parce qu'ils peuvent remettre ça. Vous causerez pendant que Léon le pansera.

HOEDERER: Soit.

> (*Georges et Léon entrent par la fenêtre*)
> Alors?

GEORGES: Pétard. Ils l'ont jeté du jardin et puis ils ont calté.* C'est le mur qui a tout pris.

HUGO: Les salauds.

HOEDERER: Montons. (*Ils se dirigent vers la porte. Hugo va pour les suivre*) Pas toi.

> (*Ils se regardent, puis Hoederer se détourne et sort*)

SCÈNE VI

HUGO, JESSICA, GEORGES: *et* SLICK

HUGO: (*entre ses dents*) Les salauds.

SLICK: Hein?

HUGO: Les gens qui ont lancé le pétard, ce sont des salauds.

> (*Il va se verser à boire*)

SLICK: Un peu nerveux,* hein?

HUGO: Bah!

SLICK: Il n'y a pas de honte. C'est le baptême du feu. Tu t'y feras.

GEORGES: Faut même qu'on te dise: à la longue, ça distrait. Pas vrai, Slick?

SLICK: Ça change, ça réveille, ça dégourdit les jambes.

HUGO: Je ne suis pas nerveux. Je râle.*

   (*Il boit*)

JESSICA: Après qui, ma petite abeille?

HUGO: Après les salauds qui ont lancé le pétard.

SLICK: Tu as de la bonté de reste:* nous autres, il y a longtemps qu'on ne râle plus.

GEORGES: C'est notre gagne-pain: si c'était pas d'eux autres, nous, on ne serait pas ici.

HUGO: Tu vois: tout le monde est calme, tout le monde est content. Il saignait comme un cochon, il s'essuyait la joue en souriant, il disait: "Ce n'est rien." Ils ont du courage. Ce sont les plus grands fils de putain de la terre et ils ont du courage, juste ce qu'il faut pour t'empêcher de les mépriser jusqu'au bout. (*Tristement*) C'est un casse-tête. (*Il boit*) Les vertus et les vices ne sont pas équitablement répartis.

JESSICA: Tu n'es pas lâche, mon âme.

HUGO: Je ne suis pas lâche, mais je ne suis pas courageux non plus. Trop de nerfs. Je voudrais m'endormir et rêver que je suis Slick. Regarde: cent kilogs de chair et une noisette dans la boîte crânienne, une vraie baleine.* La noisette, là-haut, elle envoie des signaux de peur et de colère, mais ils se perdent dans cette masse. Ça le chatouille, c'est tout.

SLICK: (*riant*) Tu l'entends.

GEORGES: (*riant*) Il n'a pas tort.

   (*Hugo boit*)

JESSICA: Hugo!

HUGO: Hé?

JESSICA: Ne bois plus.

HUGO: Pourquoi? Je n'ai plus rien à faire. Je suis relevé de mes fonctions.

JESSICA: Hoederer t'a relevé de tes fonctions?

HUGO: Hoederer? Qui parle de Hoederer? Tu peux penser ce

que tu veux de Hoederer, mais c'est un homme qui m'a fait confiance. Tout le monde ne peut pas en dire autant. (*Il boit. Puis va vers Slick*) Il y a des gens qui te donnent une mission de confiance, hein, et tu te casses le cul* pour l'accomplir et puis, au moment où tu vas réussir, tu t'aperçois qu'ils se foutaient de toi et qu'ils ont fait faire la besogne par d'autres.

JESSICA: Veux-tu te taire! Tu ne vas pas leur raconter nos histoires de ménage.

HUGO: De ménage? Ha! (*Déridé*)* Elle est merveilleuse!

JESSICA: C'est de moi qu'il parle. Voilà deux ans qu'il me reproche de ne pas lui faire confiance.

HUGO: (*à Slick*) C'est une tête, hein?* (*A Jessica*) Non, tu ne me fais pas confiance. Est-ce que tu me fais confiance?

JESSICA: Certainement pas en ce moment.

HUGO: Personne ne me fait confiance. Je dois avoir quelque chose de travers dans la gueule.* Dis-moi que tu m'aimes.

JESSICA: Pas devant eux.

SLICK: Ne vous gênez pas pour nous.

HUGO: Elle ne m'aime pas. Elle ne sait pas ce que c'est que l'amour. C'est un ange. Une statue de sel.

SLICK: Une statue de sel?

HUGO: Non, je voulais dire une statue de neige. Si tu la caresses elle fond.

GEORGES: Sans blague.*

JESSICA: Viens, Hugo. Rentrons.

HUGO: Attends, je vais donner un conseil à Slick. Je l'aime bien Slick, je l'ai à la bonne,* parce qu'il est fort et qu'il ne pense pas. Tu veux un conseil, Slick?

SLICK: Si je ne peux pas l'éviter.

HUGO: Écoute: ne te marie pas trop jeune.

SLICK: Ça ne risque rien.

HUGO: (*qui commence à être saoul*) Non, mais écoute: ne te

marie pas trop jeune. Tu comprends ce que je veux dire, hein? Ne te marie pas trop jeune. Te charge pas de ce que tu ne peux pas faire. Après ça pèse trop lourd. Tout est si lourd. Je ne sais pas si vous avez remarqué: c'est pas commode d'être jeune. (*Il rit*) Mission de confiance. Dis! où elle est, la confiance?

GEORGES: Quelle mission?

HUGO: Ah! je suis chargé de mission.

GEORGES: Quelle mission?

HUGO: Ils veulent me faire parler, mais avec moi c'est du temps perdu. Je suis impénétrable. (*Il se regarde dans la glace*) Impénétrable! Une gueule parfaitement inexpressive. La gueule de tout le monde.* Ça devrait se voir, bon Dieu! Ça devrait se voir!

GEORGES: Quoi?

HUGO: Que je suis chargé d'une mission de confiance.

GEORGES: Slick?

SLICK: Hmm . . .

JESSICA: (*tranquillement*) Ne vous cassez pas la tête:* ça veut dire que je vais avoir un enfant. Il se regarde dans la glace pour voir s'il a l'air d'un père de famille.

HUGO: Formidable! Un père de famille! C'est ça. C'est tout à fait ça. Un père de famille. Elle et moi nous nous entendons à demi-mot. Impénétrable! Ça devrait se reconnaître un . . . père de famille. A quelque chose. Un air sur le visage. Un goût dans la bouche. Une ronce dans le cœur. (*Il boit*) Pour Hoederer, je regrette. Parce que, je vous le dis, il aurait pu m'aider. (*Il rit*) Dites: ils sont là-haut qui causent et Léon lave le sale groin* de Karsky. Mais vous êtes donc des bûches* Tirez-moi dessus.

SLICK: (*à Jessica*) Ce petit gars-là ne devrait pas boire.

GEORGES: Ça ne lui réussit pas.

HUGO: Tirez sur moi, je vous dis. C'est votre métier. Écoutez donc: un père de famille, c'est jamais un vrai père de famille. Un assassin c'est jamais tout à fait un assassin. Ils jouent, vous comprenez. Tandis qu'un mort, c'est un mort pour de vrai. Être ou ne pas être, hein?* Vous voyez ce que je veux dire. Il n'y a rien que je puisse être sinon un mort avec six pieds de terre par-dessus la tête. Tout ça, je vous le dis, c'est de la comédie. (*Il s'arrête brusquement*) Et ça aussi c'est de la comédie. Tout ça! Tout ce que je vous dis là. Vous croyez peut-être que je suis désespéré? Pas du tout: je joue la comédie du désespoir. Est-ce qu'on peut en sortir?

JESSICA: Est-ce que tu veux rentrer?

HUGO: Attends. Non. Je ne sais pas . . . Comment peut-on dire: je veux ou je ne veux pas?

JESSICA: (*remplissant un verre*) Alors bois.

HUGO: Bon.

    (*Il boit*)

SLICK: Vous n'êtes pas cinglée de le faire boire?*

JESSICA: C'est pour en finir plus vite. A présent, il n'y a plus qu'à attendre.

    (*Hugo vide le verre. Jessica le remplit*)

HUGO: (*saoul*) Qu'est-ce que je disais? Je parlais d'assassin? Jessica et moi nous savons ce que ça veut dire. La vérité c'est que ça cause trop là-dedans.* (*Il se frappe le front*) Je voudrais le silence. (*A Slick*) Ce qu'il doit faire bon dans ta tête: pas un bruit, la nuit noire. Pourquoi tournez-vous si vite? Ne riez pas: je sais que je suis saoul, je sais que je suis abject. Je vais vous dire: je ne voudrais pas être à ma place. Oh! mais non. Ça n'est pas une bonne place. Ne tournez pas! Le tout c'est d'allumer la mèche. Ça n'a l'air de rien mais je ne vous souhaite pas d'en être chargés. La mèche, tout est là. Allumer la mèche. Après, tout le monde saute et moi avec: plus besoin d'alibi, le silence, la nuit. A moins que les morts aussi ne jouent la comédie. Supposez qu'on meure et qu'on découvre que les morts sont des vivants qui jouent à être morts! On verra. On verra. Seulement faut allumer la mèche. C'est le moment psychologique. (*Il rit*) Mais ne tournez pas, bon Dieu! ou bien je tourne aussi. (*Il essaye de tourner et tombe sur une chaise*) Et voilà les bienfaits d'une éducation bourgeoise.

(*Sa tête oscille. Jessica s'approche et le regarde*)

JESSICA: Bon. C'est fini. Voulez-vous m'aider à le porter dans son lit?

(*Slick la regarde en se grattant le crâne*)

SLICK: Il cause trop, votre mari.

JESSICA: (*riant*) Vous ne le connaissez pas. Rien de ce qu'il dit n'a d'importance.

(*Slick et Georges le soulèvent par les épaules et les pieds*)

Rideau

CINQUIÈME TABLEAU

DANS LE PAVILLON
SCÈNE PREMIÈRE
HUGO, JESSICA, *puis* OLGA

Hugo est étendu dans son lit, tout habillé, sous une couverture. Il dort. Il s'agite et gémit dans son sommeil. Jessica est assise à son chevet, immobile. Il gémit encore; elle se lève et va dans le cabinet de toilette. On entend l'eau qui coule, Olga est cachée derrière les rideaux de la fenêtre. Elle écarte les rideaux, elle passe la tête. Elle se décide et s'approche de Hugo. Elle le regarde. Hugo gémit. Olga lui redresse la tête et arrange son oreiller. Jessica revient sur ces entrefaites et voit la scène. Jessica tient une compresse humide.

JESSICA: Quelle sollicitude! Bonjour, Madame.

OLGA: Ne criez pas. Je suis . . .

JESSICA: Je n'ai pas envie de crier. Asseyez-vous donc. J'aurais plutôt envie de rire.

OLGA: Je suis Olga Lorame.

JESSICA: Je m'en suis doutée.

OLGA: Hugo vous a parlé de moi?

JESSICA: Oui.

OLGA: Il est blessé?

JESSICA: Non: il est saoul. (*Passant devant Olga*) Vous permettez?

(*Elle pose la compresse sur le front de Hugo*)

OLGA: Pas comme ça.

(*Elle arrange la compresse*)

JESSICA: Excusez-moi.

OLGA: Et Hoederer?

JESSICA: Hoederer? Mais asseyez-vous, je vous en prie. (*Olga s'assied*) C'est vous qui avez lancé cette bombe, Madame?

OLGA: Oui.

JESSICA: Personne n'est tué: vous aurez plus de chance une autre fois. Comment êtes-vous entrée ici?

OLGA: Par la porte. Vous l'avez laissée ouverte quand vous êtes sortie. Il ne faut jamais laisser les portes ouvertes.

JESSICA: (*désignant Hugo*) Vous saviez qu'il était dans le bureau?

OLGA: Non.

JESSICA: Mais vous saviez qu'il pouvait y être?

OLGA: C'était un risque à courir.

JESSICA: Avec un peu de veine, vous l'auriez tué.

OLGA: C'est ce qui pouvait lui arriver de mieux.

JESSICA: Vraiment?

OLGA: Le Parti n'aime pas beaucoup les traîtres.

JESSICA: Hugo n'est pas un traître.

OLGA: Je le crois. Mais je ne peux pas forcer les autres à le croire. (*Un temps*) Cette affaire traîne: il y a huit jours qu'elle devrait être terminée.

JESSICA: Il faut trouver une occasion.

OLGA: Les occasions, on les fait naître.

JESSICA: C'est le Parti qui vous a envoyée?

OLGA: Le Parti ne sait pas que je suis ici: je suis venue de moi-même.

JESSICA: Je vois: vous avez mis une bombe dans votre sac à main et vous êtes venue gentiment la jeter sur Hugo pour sauver sa réputation.

OLGA: Si j'avais réussi on aurait pensé qu'il s'était fait sauter avec Hoederer.

JESSICA: Oui, mais il serait mort.

OLGA: De quelque manière qu'il s'y prenne, à présent, il n'a plus beaucoup de chances de s'en tirer.

JESSICA: Vous avez l'amitié lourde.

OLGA: Sûrement plus lourde que votre amour. (*Elles se regardent*) C'est vous qui l'avez empêché de faire son travail?

JESSICA: Je n'ai rien empêché du tout.

OLGA: Mais vous ne l'avez pas aidé non plus.

JESSICA: Pourquoi l'aurais-je aidé? Est-ce qu'il m'a consultée avant d'entrer au Parti? Et quand il a décidé qu'il n'avait rien de mieux à faire de sa vie que d'aller assassiner un inconnu, est-ce qu'il m'a consultée?

OLGA: Pourquoi vous aurait-il consultée? Quel conseil auriez-vous pu lui donner?

JESSICA: Évidemment.*

OLGA: Il a choisi ce Parti; il a demandé cette mission: ça devrait vous suffire.

JESSICA: Ça ne me suffit pas.

(*Hugo gémit*)

OLGA: Il ne va pas bien. Vous n'auriez pas dû le laisser boire.

JESSICA: Il irait encore plus mal s'il avait reçu un éclat de votre bombe dans la figure. (*Un temps*) Quel dommage qu'il ne vous ait pas épousée: c'est une femme de tête qu'il lui fallait. Il serait resté dans votre chambre à repasser vos combinaisons pendant que vous auriez été jeter des grenades aux carrefours et nous aurions tous été très heureux. (*Elle la regarde*) Je vous croyais grande et osseuse.

OLGA: Avec des moustaches?

JESSICA: Sans moustaches mais avec une verrue sous le nez. Il avait toujours l'air si important quand il sortait de chez vous. Il disait: "Nous avons parlé politique."

OLGA: Avec vous, naturellement, il n'en parlait jamais.

JESSICA: Vous pensez bien qu'il ne m'a pas épousée pour ça. (*Un temps*) Vous êtes amoureuse de lui, n'est-ce pas?

OLGA: Qu'est-ce que l'amour vient faire ici? Vous lisez trop de romans.

JESSICA: Il faut bien s'occuper quand on ne fait pas de politique.

OLGA: Rassurez-vous; l'amour ne tracasse pas beaucoup les femmes de tête. Nous n'en vivons pas.

JESSICA: Tandis que moi, j'en vis?

OLGA: Comme toutes les femmes de cœur.

JESSICA: Va pour femme de cœur. J'aime mieux mon cœur que votre tête.

OLGA: Pauvre Hugo!

JESSICA: Oui. Pauvre Hugo! Comme vous devez me détester, Madame.

OLGA: Moi? Je n'ai pas de temps à perdre. (*Un silence*) Réveillez-le. J'ai à lui parler.

JESSICA: (*s'approche du lit et secoue Hugo*) Hugo! Hugo! Tu as des visites.

HUGO: Hein? (*Il se redresse*) Olga! Olga, tu es venue! Je suis content que tu sois là, il faut que tu m'aides. (*Il s'assied sur le bord du lit*) Bon Dieu que j'ai mal au crâne. Où sommes-nous? Je suis content que tu sois venue, tu sais.

Attends: il est arrivé quelque chose, un gros ennui. Tu ne peux plus m'aider. A présent, tu ne peux plus m'aider. Tu as lancé le pétard, n'est-ce pas?

OLGA: Oui.

HUGO: Pourquoi ne m'avez-vous pas fait confiance?

OLGA: Hugo, dans un quart d'heure, un camarade jettera une corde par-dessus le mur et il faudra que je m'en aille. Je suis pressée et il faut que tu m'écoutes.

JESSICA: Pourquoi ne m'avez-vous pas fait confiance?

OLGA: Jessica, donnez-moi ce verre et cette carafe.

> (*Jessica les lui donne. Elle remplit le verre et jette l'eau à la figure de Hugo*)

HUGO: Pfou!

OLGA: Tu m'écoutes?

HUGO: Oui. (*Il s'essuie*) Qu'est-ce que je tiens comme mal au crâne.* Il reste de l'eau dans la carafe?

JESSICA: Oui.

HUGO: Verse-moi à boire, veux-tu? (*Elle lui tend le verre et il boit*) Qu'est-ce qu'ils pensent les copains?

OLGA: Que tu es un traître.

HUGO: Ils vont fort.

OLGA: Tu n'as plus un jour à perdre. L'affaire doit être réglée avant demain soir.

HUGO: Tu n'aurais pas dû lancer le pétard.

OLGA: Hugo, tu as voulu te charger d'une tâche difficile et t'en charger seul. J'ai eu confiance la première, quand il y avait cent raisons de te refuser et j'ai communiqué ma confiance aux autres. Mais nous ne sommes pas des boy-scouts et le Parti n'a pas été créé pour te fournir des occasions d'héroïsme. Il y a un travail à faire et il faut qu'il soit fait; peu importe par qui. Si dans vingt-quatre heures tu n'as pas terminé ta besogne, on enverra quelqu'un pour la finir à ta place.

HUGO: Si on me remplace, je quitterai le Parti.

OLGA: Qu'est-ce que tu t'imagines? Crois-tu qu'on peut quitter le Parti? Nous sommes en guerre, Hugo, et les camarades ne rigolent pas. Le Parti, ça se quitte les pieds devant.*

HUGO: Je n'ai pas peur de mourir.

OLGA: Ce n'est rien de mourir. Mais mourir si bêtement, après avoir tout raté; se faire buter comme une donneuse,* pis encore, comme un petit imbécile dont on se débarrasse par crainte de ses maladresses. Est-ce que c'est ça que tu veux? Est-ce que c'est ça que tu voulais, la première fois que tu es venu chez moi, quand tu avais l'air si heureux et si fier? Mais dites-le-lui, vous! Si vous l'aimez un peu, vous ne pouvez pas vouloir qu'on l'abatte comme un chien.

JESSICA: Vous savez bien, Madame, que je n'entends rien à la politique.

OLGA: Qu'est-ce que tu décides?

HUGO: Tu n'aurais pas dû jeter ce pétard.

OLGA: Qu'est-ce que tu décides?

HUGO: Vous le saurez demain.

OLGA: C'est bon. Adieu, Hugo.

HUGO: Adieu, Olga.

JESSICA: Au revoir, Madame.

OLGA: Éteignez. Il ne faut pas qu'on me voie sortir.

(*Jessica éteint. Olga ouvre la porte et sort*)

SCÈNE II

HUGO, JESSICA

JESSICA: Je rallume?

HUGO: Attends. Elle sera peut-être obligée de revenir.

(*Ils attendent dans le noir*)

JESSICA: On pourrait entrouvrir les volets, pour voir.

HUGO: Non.

(*Un silence*)

JESSICA: Tu as de la peine? (*Hugo ne répond pas*) Réponds, pendant qu'il fait noir.

HUGO: J'ai mal au crâne, c'est tout. (*Un temps*) Ça n'est pas grand-chose, la confiance, quand ça ne résiste pas à huit jours d'attente.

JESSICA: Pas grand-chose, non.

HUGO: Et comment veux-tu vivre, si personne ne te fait confiance?

JESSICA: Personne ne m'a jamais fait confiance, toi moins que les autres. Je me suis tout de même arrangée.

HUGO: C'était la seule qui croyait un peu en moi.

JESSICA: Hugo . . .

HUGO: La seule, tu le sais bien. (*Un temps*) Elle doit être en sûreté à présent. Je crois qu'on peut rallumer. (*Il rallume. Jessica se détourne brusquement*) Qu'est-ce qu'il y a?

JESSICA: Ça me gêne de te voir à la lumière.

HUGO: Veux-tu que j'éteigne?

JESSICA: Non. (*Elle revient vers lui*) Toi. Toi, tu vas tuer un homme.

HUGO: Est-ce que je sais ce que je vais faire?

JESSICA: Montre-moi le revolver.

HUGO: Pourquoi?

JESSICA: Je veux voir comment c'est fait.

HUGO: Tu l'as promené sur toi tout l'après-midi.

JESSICA: A ce moment-là, ce n'était qu'un jouet.

HUGO: (*le lui tendant*) Fais attention.

JESSICA: Oui. (*Elle le regarde*) C'est drôle.

HUGO: Qu'est-ce qui est drôle?

JESSICA: Il me fait peur à présent. Reprends-le. (*Un temps*)
Tu vas tuer un homme.

     (*Hugo se met à rire*)

JESSICA: Pourquoi ris-tu?

HUGO: Tu y crois à présent! Tu t'es décidée à y croire?

JESSICA: Oui.

HUGO: Tu as bien choisi ton moment: personne n'y croit
plus. (*Un temps*) Il y a huit jours, ça m'aurait peut-être
aidé . . .

JESSICA: Ce n'est pas ma faute: je ne crois que ce que je vois.
Ce matin encore, je ne pouvais même pas imaginer qu'il
meure. (*Un temps*) Je suis entrée dans le bureau tout à
l'heure, il y avait le type qui saignait et vous étiez tous des
morts. Hoederer, c'était un mort; je l'ai vu sur son visage!
Si ce n'est pas toi qui le tue, ils enverront quelqu'un
d'autre.

HUGO: Ce sera moi. (*Un temps*) Le type qui saignait, c'était
sale, hein?

JESSICA: Oui. C'était sale.

HUGO: Hoederer aussi va saigner.

JESSICA: Tais-toi.

HUGO: Il sera couché par terre avec un air idiot et il saignera
dans ses vêtements.

JESSICA: (*d'une voix lente et basse*) Mais tais-toi donc.

HUGO: Elle a jeté un pétard contre le mur. Il n'y a pas de
quoi être fière: elle ne nous voyait même pas. N'importe
qui peut tuer si on ne l'oblige pas à voir ce qu'il fait. J'allais tirer, moi. J'étais dans le bureau, je les regardais en face
et j'allais tirer; c'est elle qui m'a fait manquer mon coup.

JESSICA: Tu allais tirer pour de bon?

HUGO: J'avais la main dans ma poche et le doigt sur la gâchette.

JESSICA: Et tu allais tirer! Tu es sûr que tu aurais pu tirer?

HUGO: Je . . . j'avais la chance d'être en colère. Naturellement, j'allais tirer. A présent tout est à recommencer. (*Il rit*) Tu l'as entendue: ils disent que je suis un traître. Ils ont beau jeu:* là-bas, quand ils décident qu'un homme va mourir, c'est comme s'ils rayaient un nom sur un annuaire: c'est propre, c'est élégant. Ici, la mort est une besogne. Les abattoirs, c'est ici. (*Un temps*) Il boit, il fume, il me parle du Parti, il fait des projets et moi je pense au cadavre qu'il sera, c'est obscène. Tu as vu ses yeux?

JESSICA: Oui.

HUGO: Tu as vu comme ils sont brillants et durs? Et vifs?

JESSICA: Oui.

HUGO: C'est peut-être dans ses yeux que je tirerai. On vise le ventre, tu sais, mais l'arme se relève.

JESSICA: J'aime ses yeux.

HUGO: (*brusquement*) C'est abstrait.

JESSICA: Quoi?

HUGO: Un meurtre, je dis que c'est abstrait. Tu appuies sur la gâchette et après ça tu ne comprends plus rien à ce qui arrive. (*Un temps*) Si l'on pouvait tirer en détournant la tête. (*Un temps*) Je me demande pourquoi je te parle de tout ça.

JESSICA: Je me le demande aussi.

HUGO: Je m'excuse. (*Un temps*) Pourtant si j'étais dans ce lit, en train de crever, tu ne m'abandonnerais tout de même pas?

JESSICA: Non.

HUGO: C'est la même chose; tuer, mourir, c'est la même chose: on est aussi seul. Il a de la veine, lui, il ne mourra qu'une fois. Moi, voilà dix jours que je le tue, à chaque minute. (*Brusquement*) Qu'est-ce que tu ferais, Jessica?

JESSICA: Comment?

HUGO: Écoute: si demain je n'ai pas tué, il faut que je disparaisse ou alors que j'aille les trouver et que je leur dise: faites de moi ce que vous voudrez. Si je tue . . . (*Il se cache un instant le visage avec la main*) Qu'est-ce qu'il faut que je fasse? Que ferais-tu?

JESSICA: Moi? Tu me le demandes, à moi, ce que je ferais à ta place?

HUGO: A qui veux-tu que je le demande? Je n'ai plus que toi au monde.

JESSICA: C'est vrai. Tu n'as plus que moi. Plus que moi. Pauvre Hugo. (*Un temps*) J'irais trouver Hoederer et je lui dirais: voilà, on m'a envoyé ici pour vous tuer mais j'ai changé d'avis et je veux travailler avec vous.

HUGO: Pauvre Jessica!

JESSICA: Ce n'est pas possible?

HUGO: C'est justement ça qui s'appellerait trahir.

JESSICA: (*tristement*) Tu vois! Je ne peux rien te dire. (*Un temps*) Pourquoi n'est-ce pas possible? Parce qu'il n'a pas tes idées?

HUGO: Si tu veux. Parce qu'il n'a pas mes idées.

JESSICA: Et il faut tuer les gens qui n'ont pas vos idées?

HUGO: Quelquefois.

JESSICA: Mais pourquoi as-tu choisi les idées de Louis et d'Olga?

HUGO: Parce qu'elles étaient vraies.

JESSICA: Mais, Hugo, suppose que tu aies rencontré Hoederer l'an dernier, au lieu de Louis. Ce sont ses idées à lui qui te sembleraient vraies.

HUGO: Tu es folle.

JESSICA: Pourquoi?

HUGO: On croirait à t'entendre que toutes les opinions se valent* et qu'on les attrape comme des maladies.

JESSICA: Je ne pense pas ça; je . . . je ne sais pas ce que je pense. Hugo, il est si fort, il suffit qu'il ouvre la bouche pour qu'on soit sûr qu'il a raison. Et puis je croyais qu'il était sincère et qu'il voulait le bien du Parti.

HUGO: Ce qu'il veut, ce qu'il pense, je m'en moque. Ce qui compte c'est ce qu'il fait.

JESSICA: Mais . . .

HUGO: *Objectivement*, il agit comme un social-traître.

JESSICA: (*sans comprendre*) Objectivement?

HUGO: Oui.

JESSICA: Ah! (*Un temps*) Et lui, s'il savait ce que tu prépares, est-ce qu'il penserait que tu es un social-traître?

HUGO: Je n'en sais rien.

JESSICA: Mais est-ce qu'il le penserait?

HUGO: Qu'est-ce que ça peut faire? Oui, probablement.

JESSICA: Alors, qui a raison?

HUGO: Moi.

JESSICA: Comment le sais-tu?

HUGO: La politique est une science. Tu peux démontrer que tu es dans le vrai et que les autres se trompent.

JESSICA: Dans ce cas pourquoi hésites-tu?

HUGO: Ce serait trop long à t'expliquer.

JESSICA: Nous avons la nuit.

HUGO: Il faudrait des mois et des années.

JESSICA: Ah! (*Elle va aux livres*) Et tout est écrit là-dedans?

HUGO: En un sens, oui. Il suffit de savoir lire.

JESSICA: Mon Dieu! (*Elle en prend un, l'ouvre, le regarde, fascinée, et le repose en soupirant*) Mon Dieu!

HUGO: A présent, laisse-moi. Dors ou fais ce que tu veux.

JESSICA: Qu'est-ce qu'il y a? Qu'est-ce que j'ai dit?

HUGO: Rien. Tu n'as rien dit. C'est moi qui suis coupable: c'était une folie de te demander de l'aide. Tes conseils viennent d'un autre monde.

JESSICA: A qui la faute? Pourquoi ne m'a-t-on rien appris? Pourquoi ne m'as-tu rien expliqué? Tu as entendu ce qu'il a dit? Que j'étais ton luxe. Voilà dix-neuf ans qu'on m'a installée dans votre monde d'hommes avec défense de toucher aux objets exposés et vous m'avez fait croire que tout marchait très bien et que je n'avais à m'occuper de rien sauf de mettre des fleurs dans les vases. Pourquoi m'avez-vous menti? Pourquoi m'avez-vous laissée dans l'ignorance, si c'était pour m'avouer un beau jour que ce monde craque de partout et que vous êtes des incapables et pour m'obliger à choisir entre un suicide et un assassinat? Je ne veux pas choisir: je ne veux pas que tu te laisses tuer, je ne veux pas que tu le tues. Pourquoi m'a-t-on mis ce fardeau sur les épaules? Je ne connais rien à vos histoires* et je m'en lave les mains. Je ne suis ni oppresseur, ni social-traître, ni révolutionnaire, je n'ai rien fait, je suis innocente de tout.

HUGO: Je ne te demande plus rien, Jessica.

JESSICA: C'est trop tard, Hugo; tu m'as mise dans le coup.* A présent il faut que je choisisse. Pour toi et pour moi: c'est ma vie que je choisis avec la tienne et je . . . Oh! mon Dieu! je ne peux pas.

HUGO: Tu vois bien.

> (*Un silence. Hugo est assis sur le lit, les yeux dans le vide. Jessica s'assied près de lui et lui met les bras autour du cou*)

JESSICA: Ne dis rien. Ne t'occupe pas de moi. Je ne te parlerai pas; je ne t'empêcherai pas de réfléchir. Mais je serai là. Il fait froid au matin: tu seras content d'avoir un peu de ma chaleur, puisque je n'ai rien d'autre à te donner. Ta tête te fait toujours mal?

HUGO: Oui.

JESSICA: Mets-la sur mon épaule. Ton front brûle. (*Elle lui caresse les cheveux*) Pauvre tête.

HUGO: (*se redressant brusquement*) Assez!

JESSICA: (*doucement*) Hugo!

HUGO: Tu joues à la mère de famille.

JESSICA: Je ne joue pas. Je ne jouerai plus jamais.

HUGO: Ton corps est froid et tu n'as pas de chaleur à me donner. Ce n'est pas difficile de se pencher sur un homme avec un air maternel et de lui passer la main dans les cheveux; n'importe quelle fillette rêverait d'être à ta place. Mais quand je t'ai prise dans mes bras et que je t'ai demandé d'être ma femme, tu ne t'en es pas si bien tirée.

JESSICA: Tais-toi.

HUGO: Pourquoi me tairais-je? Est-ce que tu ne sais pas que notre amour était une comédie?

JESSICA: Ce qui compte, cette nuit, ce n'est pas notre amour: c'est ce que tu feras demain.

HUGO: Tout se tient. Si j'avais été sûr . . . (*Brusquement*) Jessica, regarde-moi. Peux-tu me dire que tu m'aimes? (*Il la regarde. Silence*) Et voilà. Je n'aurai même pas eu ça.

JESSICA: Et toi, Hugo? Crois-tu que tu m'aimais? (*Il ne répond pas*) Tu vois bien.(*Un temps. Brusquement*) Pourquoi n'essayes-tu pas de le convaincre?

HUGO: De le convaincre? Qui? Hoederer?

JESSICA: Puisqu'il se trompe, tu dois pouvoir le lui prouver.

HUGO: Penses-tu! Il est trop chinois.*

JESSICA: Comment sais-tu que tes idées sont justes si tu ne peux pas le démontrer? Hugo, ce serait si bien, tu réconcilierais tout le monde, tout le monde serait content, vous travailleriez tous ensemble. Essaye, Hugo, je t'en prie. Essaye au moins une fois avant de le tuer.

(On frappe. Hugo se redresse et ses yeux brillent)

HUGO: C'est Olga. Elle est revenue; j'étais sûr qu'elle reviendrait. Éteins la lumière et va ouvrir.

JESSICA: Comme tu as besoin d'elle.

(Elle va éteindre et ouvre la porte. Hoederer entre. Hugo rallume quand la porte est fermée)

SCÈNE III

HUGO, JESSICA, HOEDERER

JESSICA: *(reconnaissant Hoederer)* Ha!

HOEDERER: Je t'ai fait peur?

JESSICA: Je suis nerveuse, ce soir. Il y a eu cette bombe . . .

HOEDERER: Oui. Bien sûr. Vous avez l'habitude de rester dans le noir?

JESSICA: J'y suis forcée. Mes yeux sont très fatigués.

HOEDERER: Ah! *(Un temps)* Je peux m'asseoir un moment? *(Il s'assied dans le fauteuil)* Ne vous gênez pas pour moi.

HUGO: Vous avez quelque chose à me dire?

HOEDERER: Non. Non, non. Tu m'as fait rire tout à l'heure: tu étais rouge de colère.

HUGO: Je . . .

HOEDERER: Ne t'excuse pas: je m'y attendais. Je me serais même inquiété si tu n'avais pas protesté. Il y a beaucoup de choses qu'il faudra que je t'explique. Mais demain. Demain nous parlerons tous les deux. A présent ta journée est finie. La mienne aussi. Drôle de journée, hein? Pourquoi n'accrochez-vous pas de gravures aux murs? Ça ferait moins nu. Il y en a au grenier. Slick vous les descendra.

JESSICA: Comment sont-elles?

HOEDERER: Il y a de tout. Tu pourras choisir.

JESSICA: Je vous remercie. Je ne tiens pas aux gravures.

HOEDERER: Comme tu voudras. Vous n'avez rien à boire?

JESSICA: Non. Je regrette.

HOEDERER: Tant pis! Tant pis! Qu'est-ce que vous faisiez avant que j'arrive?

JESSICA: Nous causions.

HOEDERER: Eh bien, causez! causez! Ne vous occupez pas de moi. (*Il bourre sa pipe et l'allume. Un silence très lourd. Il sourit*) Oui, évidemment.

JESSICA: Ce n'est pas très commode de s'imaginer que vous n'êtes pas là.

HOEDERER: Vous pouvez très bien me mettre à la porte. (*A Hugo*) Tu n'es pas obligé de recevoir ton patron quand il a des lubies. (*Un temps*) Je ne sais pas pourquoi je suis venu. Je n'avais pas sommeil, j'ai essayé de travailler . . . (*Haussant les épaules*) On ne peut pas travailler tout le temps.

JESSICA: Non.

HOEDERER: Cette affaire va finir . . .

HUGO: (*vivement*) Quelle affaire?

HOEDERER: L'affaire avec Karsky. Il se fait un peu tirer l'oreille* mais ça ira plus vite que je ne pensais.

HUGO: (*violemment*) Vous . . .

HOEDERER: Chut. Demain! Demain! (*Un temps*) Quand une affaire est en voie de se terminer, on se sent désœuvré. Vous aviez de la lumière il y a un moment?

JESSICA: Oui.

HOEDERER: Je m'étais mis à la fenêtre. Dans le noir, pour ne pas servir de cible. Vous avez vu comme la nuit est sombre et calme? La lumière passait par la fente de vos volets. (*Un temps*) Nous avons vu la mort de près.

JESSICA: Oui.

HOEDERER: (*avec un petit rire*) De tout près. (*Un temps*) Je suis sorti tout doucement de ma chambre. Slick dormait dans le couloir. Dans le salon, Georges dormait. Léon dormait dans le vestibule. J'avais envie de le réveiller et puis . . . Bah! (*Un temps*) Alors voilà: je suis venu. (*A Jessica*) Qu'est-ce qu'il y a? Tu avais l'air moins intimidée cet après-midi.

JESSICA: C'est à cause de l'air que vous avez.

HOEDERER: Quel air?

JESSICA: Je croyais que vous n'aviez besoin de personne.

HOEDERER: Je n'ai besoin de personne. (*Un temps*) Slick m'a dit que tu étais enceinte?

JESSICA: (*vivement*) Ce n'est pas vrai.

HUGO: Voyons, Jessica, si tu l'as dit à Slick, pourquoi le cacher à Hoederer?

JESSICA: Je me suis moqueée de Slick.

HOEDERER: (*la regarde longuement*) Bon. (*Un temps*) Quand j'étais député au Landstag, j'habitais chez un garagiste. Le soir je venais fumer la pipe dans leur salle à manger. Il y avait une radio, les enfants jouaient . . . (*Un temps*) Allons, je vais me coucher. C'était un mirage.

JESSICA: Qu'est-ce qui était un mirage?

HOEDERER: (*avec un geste*) Tout ça. Vous aussi. Il faut travailler, c'est tout ce qu'on peut faire. Tu téléphoneras au village, pour que le menuisier vienne réparer la fenêtre du bureau. (*Il le regarde*) Tu as l'air éreinté. Il paraît que tu t'es saoulé? Dors, cette nuit. Tu n'as pas besoin de venir avant neuf heures.

     (*Il se lève. Hugo fait un pas. Jessica se jette entre eux*)

JESSICA: Hugo, c'est le moment.

HUGO: Quoi?

JESSICA: Tu m'as promis de le convaincre.

HOEDERER: De me convaincre?

HUGO: Tais-toi.

(*Il essaie de l'écarter. Elle se met devant lui*)

JESSICA: Il n'est pas d'accord avec vous.

HOEDERER: (*amusé*) Je m'en suis aperçu.

JESSICA: Il voudrait vous expliquer.

HOEDERER: Demain! Demain!

JESSICA: Demain il sera trop tard.

HOEDERER: Pourquoi?

JESSICA: (*toujours devant Hugo*) Il . . . il dit qu'il ne veut plus vous servir de secrétaire si vous ne l'écoutez pas. Vous n'avez sommeil ni l'un ni l'autre et vous avez toute la nuit et . . . et vous avez frôlé la mort, ça rend plus conciliant.

HUGO: Laisse tomber, je te dis.

JESSICA: Hugo, tu m'as promis! (*A Hoederer*) Il dit que vous êtes un social-traître.

HOEDERER: Un social-traître! Rien que ça!

JESSICA: Objectivement. Il a dit: objectivement.

HOEDERER: (*changeant de ton et de visage*) Ça va. Eh bien, mon petit gars, dis-moi ce que tu as sur le cœur,* puisqu'on ne peut pas l'empêcher. Il faut que je règle cette affaire avant d'aller me coucher. Pourquoi suis-je un traître?

HUGO: Parce que vous n'avez pas le droit d'entraîner le Parti dans vos combines.

HOEDERER: Pourquoi pas?

HUGO: C'est une organisation révolutionnaire et vous allez en faire un parti de gouvernement.

HOEDERER: Les partis révolutionnaires sont faits pour prendre le pouvoir.

HUGO: Pour le prendre. Oui. Pour s'en emparer par les armes. Pas pour l'acheter par un maquignonnage.*

HOEDERER: C'est le sang que tu regrettes? J'en suis fâché

mais tu devrais savoir que nous ne pouvons pas nous imposer par la force. En cas de guerre civile, le Pentagone a les armes et les chefs militaires. Il servirait de cadre aux troupes contre-révolutionnaires.

HUGO: Qui parle de guerre civile? Hoederer, je ne vous comprends pas; il suffirait d'un peu de patience. Vous l'avez dit vous-même: l'Armée rouge chassera le Régent et nous aurons le pouvoir pour nous seuls.

HOEDERER: Et comment ferons-nous pour le garder? (*Un temps*) Quand l'Armée rouge aura franchi nos frontières, je te garantis qu'il y aura de durs moments à passer.

HUGO: L'Armée rouge . . .

HOEDERER: Oui, oui. Je sais. Moi aussi, je l'attends. Et avec impatience. Mais il faut bien que tu te le dises: toutes les armées en guerre, libératrices ou non, se ressemblent: elles vivent sur le pays occupé. Nos paysans détesteront les Russes, c'est fatal, comment veux-tu qu'ils nous aiment, nous que les Russes auront imposés? On nous appellera le parti de l'étranger ou peut-être pis. Le Pentagone rentrera dans la clandestinité; il n'aura même pas besoin de changer ses slogans.

HUGO: Le Pentagone, je . . .

HOEDERER: Et puis, il y a autre chose: le pays est ruiné; il se peut même qu'il serve de champ de bataille. Quel que soit le gouvernement qui succédera à celui du Régent, il devra prendre des mesures terribles qui le feront haïr. Au lendemain du départ de l'Armée rouge, nous serons balayés par une insurrection.

HUGO: Une insurrection, ça se brise. Nous établirons un ordre de fer.

HOEDERER: Un ordre de fer? Avec quoi? Même après la Révolution le prolétariat restera le plus faible et pour longtemps. Un ordre de fer! Avec un parti bourgeois qui fera du sabotage et une population paysanne qui brûlera ses récoltes pour nous affamer?

HUGO: Et après? Le Parti bolchevique en a vu d'autres en 17.*

HOEDERER: Il n'était pas imposé par l'étranger. Maintenant écoute, petit, et tâche de comprendre; nous prendrons le pouvoir avec les libéraux de Karsky et les conservateurs du Régent. Pas d'histoires, pas de casse:* l'Union nationale. Personne ne pourra nous reprocher d'être installés par l'étranger. J'ai demandé la moitié des voix au Comité de Résistance mais je ne ferai pas la sottise de demander la moitié des portefeuilles.* Une minorité, voilà ce que nous devons être. Une minorité qui laissera aux autres partis la responsabilité des mesures impopulaires et qui gagnera la popularité en faisant de l'opposition à l'intérieur du gouvernement. Ils sont coincés: en deux ans tu verras la faillite de la politique libérale et c'est le pays tout entier qui nous demandera de faire notre expérience.

HUGO: Et à ce moment-là le Parti sera foutu.

HOEDERER: Foutu? Pourquoi?

HUGO: Le Parti a un programme: la réalisation d'une économie socialiste, et un moyen: l'utilisation de la lutte de classes. Vous allez vous servir de lui pour faire une politique de collaboration de classes dans le cadre d'une économie capitaliste. Pendant des années vous allez mentir, ruser, louvoyer, vous irez de compromis en compromis; vous défendrez devant nos camarades des mesures réactionnaires prises par un gouvernement dont vous ferez partie. Personne ne comprendra: les durs nous quitteront, les autres perdront la culture politique qu'ils viennent d'acquérir. Nous serons contaminés, amollis, désorientés; nous deviendrons réformistes et nationalistes; pour finir, les partis bourgeois n'auront qu'à prendre la peine de nous liquider. Hoederer! ce Parti, c'est le vôtre, vous ne pouvez pas avoir oublié la peine que vous avez prise pour le forger, les sacrifices qu'il a fallu demander, la discipline qu'il a fallu imposer. Je vous en supplie: ne le sacrifiez pas de vos propres mains.

HOEDERER: Que de bavardages! Si tu ne veux pas courir de risques il ne faut pas faire de politique.

HUGO: Je ne veux pas courir ces risques-là.

HOEDERER: Parfait: alors comment garder le pouvoir?

HUGO: Pourquoi le prendre?

HOEDERER: Es-tu fou? Une armée socialiste va occuper le pays et tu la laisserais repartir sans profiter de son aide? C'est une occasion qui ne se reproduira jamais plus: je te dis que nous ne sommes pas assez forts pour faire la Révolution seuls.

HUGO: On ne doit pas prendre le pouvoir à ce prix.

HOEDERER: Qu'est-ce que tu veux faire du Parti? Une écurie de courses? A quoi ça sert-il de fourbir un couteau tous les jours si l'on n'en use jamais pour trancher? Un parti, ce n'est jamais qu'un moyen. Il n'y a qu'un seul but: le pouvoir.

HUGO: Il n'y a qu'un seul but: c'est de faire triompher nos idées, toutes nos idées et rien qu'elles.

HOEDERER: C'est vrai: tu as des idées, toi. Ça te passera.

HUGO: Vous croyez que je suis le seul à en avoir? Ça n'était pas pour des idées qu'ils sont morts, les copains qui se sont fait tuer par la police du Régent? Vous croyez que nous ne les trahirions pas, si nous faisions servir le Parti à dédouaner* leurs assassins?

HOEDERER: Je me fous des morts.* Ils sont morts pour le Parti et le Parti peut décider ce qu'il veut. Je fais une politique de vivant, pour les vivants.

HUGO: Et vous croyez que les vivants accepteront vos combines?

HOEDERER: On les leur fera avaler tout doucement.

HUGO: En leur mentant?

HOEDERER: En leur mentant quelquefois.

HUGO: Vous . . . vous avez l'air si vrai, si solide! Ça n'est pas possible que vous acceptiez de mentir aux camarades.

HOEDERER: Pourquoi? Nous sommes en guerre et ça n'est pas l'habitude de mettre le soldat heure par heure au courant des opérations.

HUGO: Hoederer, je . . . je sais mieux que vous ce que c'est que le mensonge; chez mon père tout le monde se mentait, tout le monde me mentait. Je ne respire que depuis mon entrée au Parti. Pour la première fois j'ai vu des hommes qui ne mentaient pas aux autres hommes. Chacun pouvait avoir confiance en tous et tous en chacun, le militant le plus humble avait le sentiment que les ordres des dirigeants lui révélaient sa volonté profonde et, s'il y avait un coup dur, on savait pourquoi on acceptait de mourir. Vous n'allez pas . . .

HOEDERER: Mais de quoi parles-tu?

HUGO: De notre Parti.

HOEDERER: De notre Parti? Mais on y a toujours un peu menti. Comme partout ailleurs. Et toi Hugo, tu es sûr que tu ne t'es jamais menti, que tu n'as jamais menti, que tu ne mens pas à cette minute même?

HUGO: Je n'ai jamais menti aux camarades. Je . . . A quoi ça sert de lutter pour la libération des hommes, si on les méprise assez pour leur bourrer le crâne?*

HOEDERER: Je mentirai quand il faudra et je ne méprise personne. Le mensonge, ce n'est pas moi qui l'ai inventé: il est né dans une société divisée en classes et chacun de nous l'a hérité en naissant. Ce n'est pas en refusant de mentir que nous abolirons le mensonge: c'est en usant de tous les moyens pour supprimer les classes.

HUGO: Tous les moyens ne sont pas bons.

HOEDERER: Tous les moyens sont bons quand ils sont efficaces.

HUGO: Alors, de quel droit condamnez-vous la politique du Régent? Il a déclaré la guerre à l'U.R.S.S. parce que c'était le moyen le plus efficace de sauvegarder l'indépendance nationale.

HOEDERER: Est-ce que tu t'imagines que je la condamne? Il a fait ce que n'importe quel type de sa caste aurait fait à sa place. Nous ne luttons ni contre des hommes ni contre une politique mais contre la classe qui produit cette politique et ces hommes.

HUGO: Et le meilleur moyen que vous ayez trouvé pour lutter contre elle, c'est de lui offrir de partager le pouvoir avec vous?

HOEDERER: Parfaitement. Aujourd'hui, c'est le meilleur moyen. (*Un temps*) Comme tu tiens à ta pureté, mon petit gars! Comme tu as peur de te salir les mains. Eh bien, reste pur! A quoi cela servira-t-il et pourquoi viens-tu parmi nous? La pureté, c'est une idée de fakir et de moine. Vous autres, les intellectuels, les anarchistes bourgeois, vous en tirez prétexte pour ne rien faire. Ne rien faire, rester immobile, serrer les coudes contre le corps, porter des gants. Moi j'ai les mains sales. Jusqu'aux coudes. Je les ai plongées dans la merde et dans le sang. Et puis après? Est-ce que tu t'imagines qu'on peut gouverner innocemment?*

HUGO: On s'apercevra peut-être un jour que je n'ai pas peur du sang.

HOEDERER: Parbleu: des gants rouges, c'est élégant. C'est le reste qui te fait peur. C'est ce qui pue à ton petit nez d'aristocrate.

HUGO: Et nous y voilà revenus: je suis un aristocrate, un type qui n'a jamais eu faim! Malheureusement pour vous, je ne suis pas seul de mon avis.

HOEDERER: Pas seul? Tu savais donc quelque chose de mes négociations avant de venir ici?

HUGO: N-non. On en avait parlé en l'air, au Parti, et la plupart des types n'étaient pas d'accord et je peux vous jurer que ce n'étaient pas des aristocrates.

HOEDERER: Mon petit, il y a malentendu: je les connais, les gars du Parti qui ne sont pas d'accord avec ma politique et je peux te dire qu'ils sont de mon espèce, pas de la tienne – et tu ne tarderas pas à le découvrir. S'ils ont désapprouvé ces négociations, c'est tout simplement qu'ils les jugent inopportunes; en d'autres circonstances ils seraient les premiers à les engager. Toi, tu en fais une affaire de principes.

HUGO: Qui a parlé de principes?

HOEDERER: Tu n'en fais pas une affaire de principes? Bon. Alors voici qui doit te convaincre: si nous traitons avec le Régent, il arrête la guerre; les troupes illyriennes attendent gentiment que les Russes viennent les désarmer; si nous rompons les pour-parlers, il sait qu'il est perdu et il se battra comme un chien enragé; des centaines de milliers d'hommes y laisseront leur peau. Qu'en dis-tu? (*Un silence*) Hein? Qu'en dis-tu? Peux-tu rayer cent mille hommes d'un trait de plume?

HUGO: (*péniblement*) On ne fait pas la révolution avec des fleurs. S'ils doivent y rester . . .

HOEDERER: Eh bien?

HUGO: Eh bien, tant pis!

HOEDERER: Tu vois! tu vois bien! Tu n'aimes pas les hommes, Hugo. Tu n'aimes que les principes.

HUGO: Les hommes? Pourquoi les aimerais-je? Est-ce qu'ils m'aiment?

HOEDERER: Alors pourquoi es-tu venu chez nous? Si on n'aime pas les hommes on ne peut pas lutter pour eux.

HUGO: Je suis entré au Parti parce que sa cause est juste et j'en sortirai quand elle cessera de l'être. Quant aux hommes, ce n'est pas ce qu'ils sont qui m'intéresse mais ce qu'ils pourront devenir.

HOEDERER: Et moi, je les aime pour ce qu'ils sont. Avec toutes leurs saloperies et tous leurs vices. J'aime leurs voix et leurs mains chaudes qui prennent et leur peau, la plus nue de toutes les peaux, et leur regard inquiet et la lutte désespérée qu'ils mènent chacun à son tour contre la mort et contre l'angoisse. Pour moi, ça compte un homme de plus ou de moins dans le monde. C'est précieux. Toi, je te connais bien, mon petit, tu es un destructeur. Les hommes, tu les détestes parce que tu te détestes toi-même; ta pureté ressemble à la mort et la Révolution dont tu rêves n'est pas la nôtre: tu ne veux pas changer le monde, tu veux le faire sauter.

HUGO: (s'est levé) Hoederer!

HOEDERER: Ce n'est pas ta faute: vous êtes tous pareils. Un intellectuel ça n'est pas un vrai révolutionnaire; c'est tout juste bon à faire un assassin.

HUGO: Un assassin. Oui!

JESSICA: Hugo!

(Elle se met entre eux. Bruit de clé dans la serrure. La porte s'ouvre. Entrent Georges et Slick)

SCÈNE IV

Les mêmes, SLICK: et GEORGES

GEORGES: Te voilà. On te cherchait partout.

HUGO: Qui vous a donné ma clé?

SLICK: On a les clés de toutes les portes. Dis: des gardes du corps!

GEORGES: (à Hoederer) Tu nous as flanqué la frousse.* Il y a Slick qui se réveille: plus de Hoederer. Tu devrais prévenir quand tu vas prendre le frais.

HOEDERER: Vous dormiez . . .

SLICK: (ahuri) Et alors? Depuis quand nous laisses-tu dormir quand tu as envie de nous réveiller?

HOEDERER: (*riant*) En effet, qu'est-ce qui m'a pris? (*Un temps*) Je vais rentrer avec vous. A demain, petit. A neuf heures. On reparlera de tout ça. (*Hugo ne répond pas*) Au revoir, Jessica.

JESSICA: A demain, Hoederer.

(*Ils sortent*)

SCÈNE V

JESSICA, HUGO

(Un long silence)

JESSICA: Alors?

HUGO: Eh bien, tu étais là et tu as entendu.

JESSICA: Qu'est-ce que tu penses?

HUGO: Que veux-tu que je pense? Je t'avais dit qu'il était chinois.

JESSICA: Hugo! Il avait raison.

HUGO: Ma pauvre Jessica! Qu'est-ce que tu peux en savoir?

JESSICA: Et toi, qu'en sais-tu? Tu n'en menais pas large devant lui.*

HUGO: Parbleu! avec moi, il avait beau jeu. J'aurais voulu qu'il ait affaire à Louis; il ne s'en serait pas tiré si facilement.

JESSICA: Peut-être qu'il l'aurait mis dans sa poche.*

HUGO: (*riant*) Ha! Louis? Tu ne le connais pas: Louis ne peut pas se tromper.

JESSICA: Pourquoi?

HUGO: Parce que. Parce que c'est Louis.

JESSICA: Hugo! Tu parles contre ton cœur. Je t'ai regardé pendant que tu discutais avec Hoederer: il t'a convaincu.

HUGO: Il ne m'a pas convaincu. Personne ne peut me convaincre qu'on doit mentir aux camarades. Mais s'il m'avait convaincu, ce serait une raison de plus pour le descendre parce que ça prouverait qu'il en convaincra d'autres. Demain matin, je finirai le travail.

Rideau

SIXIÈME TABLEAU

LE BUREAU DE HOEDERER

Les deux portants des fenêtres, arrachés, ont été rangés contre le mur, les éclats de verre ont été balayés, on a masqué la fenêtre par une couverture fixée avec des punaises, qui tombe jusqu'au sol.

SCÈNE PREMIÈRE

HOEDERER, *puis* JESSICA

Au début de la scène, Hoederer debout devant le réchaud se fait du café en fumant la pipe. On frappe et Slick passe la tête par l'entrebâillement de la porte.

SLICK: Il y a la petite qui veut vous voir.

HOEDERER: Non.

SLICK: Elle dit que c'est très important.

HOEDERER: Bon. Qu'elle entre. (*Jessica entre, Slick disparaît*) Eh bien? (*Elle se tait*) Approche. (*Elle reste devant la porte avec tous ses cheveux dans la figure. Il va vers elle*) Je suppose que tu as quelque chose à me dire? (*Elle fait oui de la tête*) Eh bien, dis-le et puis va-t'en.

JESSICA: Vous êtes toujours si pressé . . .

HOEDERER: Je travaille.

JESSICA: Vous ne travailliez pas: vous faisiez du café. Je peux en avoir une tasse?

HOEDERER: Oui. (*Un temps*) Alors?

JESSICA: Il faut me laisser un peu de temps. C'est si difficile de vous parler. Vous attendez Hugo et il n'a même pas commencé de se raser.

HOEDERER: Bon. Tu as cinq minutes pour te reprendre. Et voilà du café.

JESSICA: Parlez-moi.

HOEDERER: Hein?

JESSICA: Pour que je me reprenne. Parlez-moi.

HOEDERER: Je n'ai rien à te dire et je ne sais pas parler aux femmes.

JESSICA: Si. Très bien.

HOEDERER: Ah?

(*Un temps*)

JESSICA: Hier soir . . .

HOEDERER: Eh bien?

JESSICA: J'ai trouvé que c'était vous qui aviez raison.

HOEDERER: Raison? Ah! (*Un temps*) Je te remercie, tu m'encourages.

JESSICA: Vous vous moquez de moi.

HOEDERER: Oui.

(*Un temps*)

JESSICA: Qu'est-ce qu'on ferait de moi, si j'entrais au Parti?

HOEDERER: Il faudrait d'abord qu'on t'y laisse entrer.

JESSICA: Mais si on m'y laissait entrer, qu'est-ce qu'on ferait de moi?

HOEDERER: Je me le demande. (*Un temps*) C'est ça que tu es venue me dire?

JESSICA: Non.

HOEDERER: Alors? Qu'est-ce qu'il y a? Tu t'es fâchée avec Hugo et tu veux t'en aller?

JESSICA: Non. Ça vous ennuierait si je m'en allais?

HOEDERER: Ça m'enchanterait. Je pourrais travailler tranquille.

JESSICA: Vous ne pensez pas ce que vous dites.

HOEDERER: Non?

JESSICA: Non. (*Un temps*) Hier soir quand vous êtes entré vous aviez l'air tellement seul.

HOEDERER: Et alors?

JESSICA: C'est beau, un homme qui est seul.

HOEDERER: Si beau qu'on a tout de suite envie de lui tenir compagnie. Et du coup il cesse d'être seul: le monde est mal fait.

JESSICA: Oh! avec moi, vous pourriez très bien rester seul. Je ne suis pas embarrassante.

HOEDERER: Avec toi?

JESSICA: C'est une manière de parler. (*Un temps*) Vous avez été marié?

HOEDERER: Oui.

JESSICA: Avec une femme du Parti?

HOEDERER: Non.

JESSICA: Vous disiez qu'il fallait toujours se marier avec des femmes du Parti.

HOEDERER: Justement.

JESSICA: Elle était belle?

HOEDERER: Ça dépendait des jours et des opinions.

JESSICA: Et moi, est-ce que vous me trouvez belle?

HOEDERER: Est-ce que tu te fous de moi?

JESSICA: (*riant*) Oui.

HOEDERER: Les cinq minutes sont passées. Parle ou va-t'en.

JESSICA: Vous ne lui ferez pas de mal?

HOEDERER: A qui?

JESSICA: A Hugo! Vous avez de l'amitié pour lui, n'est-ce pas?

HOEDERER: Ah! pas de sentiment! Il veut me tuer, hein? C'est ça ton histoire?

JESSICA: Ne lui faites pas de mal.

HOEDERER: Mais non, je ne lui ferai pas de mal.

JESSICA: Vous . . . vous le saviez?

HOEDERER: Depuis hier. Avec quoi veut-il me tuer?

JESSICA: Comment?

HOEDERER: Avec quelle arme? Grenade, revolver, hache d'abordage,* sabre, poison?

JESSICA: Revolver.

HOEDERER: J'aime mieux ça.

JESSICA: Quand il viendra ce matin, il aura son revolver sur lui.

HOEDERER: Bon. Bon, bon. Pourquoi le trahis-tu? Tu lui en veux?

JESSICA: Non. Mais . . .

HOEDERER: Eh bien?

JESSICA: Il m'a demandé mon aide.

HOEDERER: Et c'est comme ça que tu t'y prends pour l'aider? Tu m'étonnes.

JESSICA: Il n'a pas envie de vous tuer. Pas du tout. Il vous aime bien trop. Seulement il a des ordres. Il ne le dira pas mais je suis sûre qu'il sera content, au fond, qu'on l'empêche de les exécuter.

HOEDERER: C'est à voir.

JESSICA: Qu'est-ce que vous allez faire?

HOEDERER: Je ne sais pas encore.

JESSICA: Faites-le désarmer tout doucement par Slick. Il n'a qu'un revolver. Si on le lui prend, c'est fini.

HOEDERER: Non. Ça l'humilierait. Il ne faut pas humilier les gens. Je lui parlerai.

JESSICA: Vous allez le laisser entrer avec son arme?

HOEDERER: Pourquoi pas? Je veux le convaincre. Il y a cinq minutes de risques, pas plus. S'il ne fait pas son coup ce matin, il ne le fera jamais.

JESSICA: (*brusquement*) Je ne veux pas qu'il vous tue.

HOEDERER: Ça t'embêterait si je me faisais descendre?

JESSICA: Moi? Ça m'enchanterait.

(*On frappe*)

SLICK: C'est Hugo.

HOEDERER: Une seconde. (*Slick referme la porte*) File par la fenêtre.

JESSICA: Je ne veux pas vous laisser.

HOEDERER: Si tu restes, c'est sûr qu'il tire. Devant toi il ne se dégonflera pas. Allez, ouste!

(*Elle sort par la fenêtre et la couverture retombe sur elle*)

Faites-le entrer.

SCÈNE II

HUGO HOEDERER

Hugo entre. Hoederer va jusqu'à la porte et accompagne Hugo ensuite jusqu'à sa table. Il restera tout près de lui, observant ses gestes en lui parlant et prêt à lui saisir le poignet si Hugo voulait prendre son revolver.

HOEDERER: Alors? Tu as bien dormi?

HUGO: Comme ça.

HOEDERER: La gueule de bois?*

HUGO: Salement.*

HOEDERER: Tu es bien décidé?

HUGO: (*sursautant*) Décidé à quoi?

HOEDERER: Tu m'avais dit hier soir que tu me quitterais si tu ne pouvais pas me faire changer d'avis.

HUGO: Je suis toujours décidé.

HOEDERER: Bon. Eh bien, nous verrons ça tout à l'heure. En attendant travaillons. Assieds-toi. (*Hugo s'assied à sa table de travail*) Où en étions-nous?

HUGO: (*lisant ses notes*) D'après les chiffres du recensement professionnel, le nombre des travailleurs agricoles est tombé de huit millions sept cent soixante et onze mille en 1906 à . . .

HOEDERER: Dis donc: sais-tu que c'est une femme qui a lancé le pétard?

HUGO: Une femme?

HOEDERER: Slick a relevé des empreintes sur une plate-bande. Tu la connais?

HUGO: Comment la connaîtrais-je?

(*Un silence*)

HOEDERER: C'est drôle, hein?

HUGO: Très.

HOEDERER: Tu n'as pas l'air de trouver ça drôle. Qu'est-ce que tu as?

HUGO: Je suis malade.

HOEDERER: Veux-tu que je te donne ta matinée?*

HUGO: Non. Travaillons.

HOEDERER: Alors, reprends cette phrase.

(*Hugo reprend ses notes et recommence à lire*)

HUGO: "D'après les chiffres de recensement . . ."

   (*Hoederer se met à rire. Hugo lève la tête brusquement*)

HOEDERER: Tu sais pourquoi elle nous a manqués? Je parie qu'elle a lancé son pétard en fermant les yeux.

HUGO: (*distraitement*) Pourquoi?

HOEDERER: A cause du bruit. Elles ferment les yeux pour ne pas entendre; explique ça comme tu pourras. Elles ont toutes peur du bruit, ces souris, sans ça elles feraient des tueuses remarquables. Elles sont butées, tu comprends: elles reçoivent les idées toutes faites, alors elles y croient comme au Bon Dieu. Nous autres, ça nous est moins commode de tirer sur un bonhomme pour des questions de principes parce que c'est nous qui faisons les idées et que nous connaissons la cuisine:* nous ne sommes jamais tout à fait sûrs d'avoir raison. Tu es sûr d'avoir raison, toi?

HUGO: Sûr.

HOEDERER: De toute façon, tu ne pourrais pas faire un tueur. C'est une affaire de vocation.

HUGO: N'importe qui peut tuer si le Parti le commande.

HOEDERER: Si le Parti te commandait de danser sur une corde raide, tu crois que tu pourrais y arriver? On est tueur de naissance. Toi, tu réfléchis trop: tu ne pourrais pas.

HUGO: Je pourrais si je l'avais décidé.

HOEDERER: Tu pourrais me descendre froidement d'une balle entre les deux yeux parce que je ne suis pas de ton avis sur la politique?

HUGO: Oui, si je l'avais décidé ou si le Parti me l'avait commandé.

HOEDERER: Tu m'étonnes. (*Hugo va pour plonger la main dans sa poche mais Hoederer la lui saisit et l'élève légèrement au-dessus de la table*) Suppose que cette main tienne une arme et que ce doigt-là soit posé sur la gâchette . . .

HUGO: Lâchez ma main.

HOEDERER: (*sans le lâcher*) Suppose que je sois devant toi, exactement comme je suis et que tu me vises . . .

HUGO: Lâchez-moi et travaillons.

HOEDERER: Tu me regardes et, au moment de tirer, voilà que tu penses: "Si c'était lui qui avait raison?" Tu te rends compte?

HUGO: Je n'y penserais pas. Je ne penserais à rien d'autre qu'à tuer.

HOEDERER: Tu y penserais: un intellectuel, il faut que ça pense. Avant même de presser sur la gâchette tu aurais déjà vu toutes les conséquences possibles de ton acte: tout le travail d'une vie en ruine, une politique flanquée par terre, personne pour me remplacer, le Parti condamné peut-être à ne jamais prendre le pouvoir . . .

HUGO: Je vous dis que je n'y penserais pas!

HOEDERER: Tu ne pourrais pas t'en empêcher. Et ça vaudrait mieux parce que, tel que tu es fait, si tu n'y pensais pas *avant*, tu n'aurais pas trop de toute ta vie pour y penser après. (*Un temps*) Quelle rage avez-vous tous de jouer aux tueurs? Ce sont des types sans imagination: ça leur est égal de donner la mort parce qu'ils n'ont aucune idée de ce que c'est que la vie. Je préfère les gens qui ont peur de la mort des autres: c'est la preuve qu'ils savent vivre.

HUGO: Je ne suis pas fait pour vivre, je ne sais pas ce que c'est que la vie et je n'ai pas besoin de le savoir. Je suis de trop,* je n'ai pas ma place et je gêne tout le monde; personne ne m'aime, personne ne me fait confiance.

HOEDERER: Moi, je te fais confiance.

HUGO: Vous?

HOEDERER: Bien sûr. Tu es un môme qui a de la peine à passer à l'âge d'homme mais tu feras un homme très acceptable si quelqu'un te facilite le passage. Si j'échappe à leurs pétards et à leurs bombes, je te garderai près de moi et je t'aiderai.

HUGO: Pourquoi me le dire? Pourquoi me le dire aujourd 'hui?

HOEDERER: (*le lâchant*) Simplement pour te prouver qu'on ne peut pas buter un homme de sang-froid à moins d'être un spécialiste.

HUGO: Si je l'ai décidé, je dois pouvoir le faire. (*Comme à lui-même, avec une sorte de désespoir*) Je *dois* pouvoir le faire.

HOEDERER: Tu pourrais me tuer pendant que je te regarde? (*Ils se regardent. Hoederer se détache de la table et recule d'un pas*) Les vrais tueurs ne soupçonnent même pas ce qui se passe dans les têtes. Toi, tu le sais: pourrais-tu supporter ce qui se passerait dans la mienne si je te voyais me viser? (*Un temps. Il le regarde toujours*) Veux-tu du café? (*Hugo ne répond pas*) Il est prêt; je vais t'en donner une tasse. (*Il tourne le dos à Hugo et verse du café dans une tasse. Hugo se lève et met la main dans la poche qui contient le revolver. On voit qu'il lutte contre lui-même. Au bout d'un moment, Hoederer se retourne et revient tranquillement vers Hugo en portant une tasse pleine. Il la lui tend*) Prends. (*Hugo prend la tasse*) A présent donne-moi ton revolver. Allons, donne-le: tu vois bien que je t'ai laissé ta chance et que tu n'en as pas profité. (*Il plonge la main dans la poche de Hugo et la ressort avec le revolver*) Mais c'est un joujou!

(*Il va à son bureau et jette le revolver dessus*)

HUGO: Je vous hais.

(*Hoederer revient vers lui*)

HOEDERER: Mais non, tu ne me hais pas. Quelle raison aurais-tu de me haïr?

HUGO: Vous me prenez pour un lâche.

HOEDERER: Pourquoi? Tu ne sais pas tuer mais ça n'est pas une raison pour que tu ne saches pas mourir. Au contraire.

HUGO: J'avais le doigt sur la gâchette.

HOEDERER: Oui.

HUGO: Et je . . .

(*Geste d'impuissance*)

HOEDERER: Oui. Je te l'ai dit: c'est plus dur qu'on ne pense.

HUGO: Je savais que vous me tourniez le dos exprès. C'est pour ça que . . .

HOEDERER: Oh! de toute façon . . .

HUGO: Je ne suis pas un traître!

HOEDERER: Qui te parle de ça? La trahison aussi, c'est une affaire de vocation.

HUGO: Eux, ils penseront que je suis un traître parce que je n'ai pas fait ce qu'ils m'avaient chargé de faire.

HOEDERER: Qui, eux? (*Silence*) C'est Louis qui t'a envoyé? (*Silence*) Tu ne veux rien dire: c'est régulier.* (*Un temps*) Écoute: ton sort est lié au mien. Depuis hier, j'ai des atouts dans mon jeu et je vais essayer de sauver nos deux peaux ensemble. Demain j'irai à la ville et je parlerai à Louis. Il est coriace mais je le suis aussi. Avec tes copains, ça s'arrangera. Le plus difficile, c'est de t'arranger avec toi-même.

HUGO: Difficile? Ça sera vite fait. Vous n'avez qu'à me rendre le revolver.

HOEDERER: Non.

HUGO: Qu'est-ce que ça peut vous faire que je me flanque une balle dans le peau?* Je suis votre ennemi.

HOEDERER: D'abord, tu n'es pas mon ennemi. Et puis tu peux encore servir.*

HUGO: Vous savez bien que je suis foutu.

HOEDERER: Que d'histoires! Tu as voulu te prouver que tu étais capable d'agir et tu as choisi les chemins difficiles: comme quand on veut mériter le ciel; c'est de ton âge. Tu n'as pas réussi: bon, et après? Il n'y a rien à prouver, tu sais, la Révolution n'est pas une question de mérite mais d'efficacité; et il n'y a pas de ciel. Il y a du travail à faire, c'est tout. Et il faut faire celui pour lequel on est doué: tant mieux s'il est facile. Le meilleur travail n'est pas celui qui te coûtera le plus; c'est celui que tu réussiras le mieux.

HUGO: Je ne suis doué pour rien.

HOEDERER: Tu es doué pour écrire.

HUGO: Pour écrire! Des mots! Toujours des mots!

HOEDERER: Eh bien quoi? Il faut gagner. Mieux vaut un bon journaliste qu'un mauvais assassin.

HUGO: (*hésitant mais avec une sorte de confiance*) Hoederer! Quand vous aviez mon âge . . .

HOEDERER: Eh bien?

HUGO: Qu'est-ce que vous auriez fait à ma place?

HOEDERER: Moi? J'aurais tiré. Mais ce n'est pas ce que j'aurais pu faire de mieux. Et puis nous ne sommes pas de la même espèce.

HUGO: Je voudrais être de la vôtre: on doit se sentir bien dans sa peau.*

HOEDERER: Tu crois? (*Un rire bref*) Un jour, je te parlerai de moi.

HUGO: Un jour? (*Un temps*) Hoederer, j'ai manqué mon coup et je sais à présent que je ne pourrai jamais tirer sur vous parce que . . . parce que je tiens à vous. Mais il ne faut pas vous y tromper: sur ce que nous avons discuté hier soir je ne serai jamais d'accord avec vous, je ne serai jamais des vôtres et je ne veux pas que vous me défendiez. Ni demain ni un autre jour.

HOEDERER: Comme tu voudras.

HUGO: A présent, je vous demande la permission de vous quitter. Je veux réfléchir à toute cette histoire.

HOEDERER: Tu me jures que tu ne feras pas de bêtises avant de m'avoir revu?

HUGO: Si vous voulez.

HOEDERER: Alors, va. Va prendre l'air et reviens dès que tu

pourras. Et n'oublie pas que tu es mon secrétaire. Tant que tu ne m'auras pas buté ou que je ne t'aurai pas congédié, tu travailleras pour moi.

(*Hugo sort*)

HOEDERER: (*va à la porte*) Slick!

SLICK: Eh?

HOEDERER: Le petit a des ennuis. Surveillez-le de loin et, si c'est nécessaire, empêchez-le de se flanquer en l'air.* Mais doucement. Et s'il veut revenir ici tout à l'heure, ne l'arrêtez pas au passage sous prétexte de l'annoncer. Qu'il aille et vienne comme ça lui chante:* il ne faut surtout pas l'énerver.

(*Il referme la porte, retourne à la table qui supporte le réchaud et se verse une tasse de café. Jessica écarte la couverture qui dissimule la fenêtre et paraît*)

SCÈNE III

JESSICA, HOEDERER

HOEDERER: C'est encore toi, poison?* Qu'est-ce que tu veux?

JESSICA: J'étais assise sur le rebord de la fenêtre et j'ai tout entendu.

HOEDERER: Après?

JESSICA: J'ai eu peur.

HOEDERER: Tu n'avais qu'à t'en aller.

JESSICA: Je ne pouvais pas vous laisser.

HOEDERER: Tu n'aurais pas été d'un grand secours.

JESSICA: Je sais. (*Un temps*) J'aurais peut-être pu me jeter devant vous et recevoir les balles à votre place.

HOEDERER: Que tu es romanesque!*

JESSICA: Vous aussi.

HOEDERER: Quoi?

JESSICA: Vous aussi, vous êtes romanesque: pour ne pas l'humilier, vous avez risqué votre peau.

HOEDERER: Si on veut en connaître le prix, il faut la risquer de temps en temps.

JESSICA: Vous lui proposiez votre aide et il ne voulait pas l'accepter et vous ne vous décourragiez pas et vous aviez l'air de l'aimer.

HOEDERER: Après?

JESSICA: Rien. C'était comme ça, voilà tout.

(*Ils se regardent*)

HOEDERER: Va-t'en! (*Elle ne bouge pas*) Jessica, je n'ai pas l'habitude de refuser ce qu'on m'offre et voilà six mois que je n'ai pas touché à une femme. Il est encore temps de t'en aller mais dans cinq minutes il sera trop tard. Tu m'entends? (*Elle ne bouge pas*) Ce petit n'a que toi au monde et il va au-devant des pires embêtements.* Il a besoin de quelqu'un qui lui rende courage.

JESSICA: Vous, vous pouvez lui rendre courage. Pas moi. Nous ne nous faisons que du mal.

HOEDERER: Vous vous aimez.

JESSICA: Même pas. On se ressemble trop.

(*Un temps*)

HOEDERER: Quand est-ce arrivé?

JESSICA: Quoi?

HOEDERER: (*geste*) Tout ça. Tout ça, dans ta tête?

JESSICA: Je ne sais pas. Hier, je pense, quand vous m'avez regardée et que vous aviez l'air d'être seul.

HOEDERER: Si j'avais su . . .

JESSICA: Vans ne seriez pas venu?

HOEDERER: Je . . . (*Il la regarde et hausse les épaules. Un temps*) Mais bon Dieu! si tu as du vague à l'âme,* Slick et Léon sont là pour te distraire. Pourquoi m'as-tu choisi?

JESSICA: Je n'ai pas de vague à l'âme et je n'ai choisi personne. Je n'ai pas eu besoin de choisir.

HOEDERER: Tu m'embêtes. (*Un temps*) Mais qu'attends-tu? Je n'ai pas le temps de m'occuper de toi; tu ne veux pourtant pas que je te renverse sur ce divan et que je t'abandonne ensuite.

JESSICA: Décidez.

HOEDERER: Tu devrais pourtant savoir . . .

JESSICA: Je ne sais rien, je ne suis ni femme ni fille, j'ai vécu dans un songe et quand on m'embrassait ça me donnait envie de rire. A présent je suis là devant vous, il me semble que je viens de me réveiller et que c'est le matin. Vous êtes vrai. Un vrai homme de chair et d'os, j'ai vraiment peur de vous et je crois que je vous aime pour de vrai.* Faites de moi ce que vous voudrez: quoi qu'il arrive, je ne vous reprocherai rien.

HOEDERER: Ça te donne envie de rire quand on t'embrasse? (*Jessica gênée baisse la tête*) Hein?

JESSICA: Oui.

HOEDERER: Alors, tu es froide?

JESSICA: C'est ce qu'ils disent.

HOEDERER: Et toi, qu'en penses-tu?

JESSICA: Je ne sais pas.

HOEDERER: Voyons. (*Il l'embrasse*) Eh bien?

JESSICA: Ça ne m'a pas donné envie de rire.

(*La porte s'ouvre. Hugo entre*)

SCÈNE IV

HOEDERER, HUGO, JESSICA

HUGO: C'était donc ça?

HOEDERER: Hugo . . .

HUGO: Ça va. (*Un temps*) Voilà donc pourquoi vous m'avez épargné. Je me demandais: pourquoi ne m'a-t-il pas fait abattre ou chasser par ses hommes? Je me disais: ça n'est pas possible qu'il soit si fou ou si généreux. Mais tout s'explique: c'était à cause de ma femme. J'aime mieux ça.

JESSICA: Écoute . . .

HUGO: Laisse donc, Jessica, laisse tomber. Je ne t'en veux pas et je ne suis pas jaloux; nous ne nous aimions pas. Mais lui, il a bien failli me prendre à son piège. "Je t'aiderai, je te ferai passer à l'âge d'homme." Que j'étais bête! Il se foutait de moi.*

HOEDERER: Hugo, veux-tu que je te donne ma parole que . . .

HUGO: Mais ne vous excusez pas. Je vous remercie au contraire: une fois au moins vous m'aurez donné le plaisir de vous voir déconcerté. Et puis . . . et puis . . . (*Il bondit jusqu'au bureau, prend le revolver et le braque sur Hoederer*) Et puis vous m'avez délivré.

JESSICA: (*criant*) Hugo!

HUGO: Vous voyez, Hoederer, je vous regarde dans les yeux et je vise et ma main ne tremble pas et je me fous de ce que vous avez dans la tête.*

HOEDERER: Attends, petit! Ne fais pas de bêtises. Pas pour une femme!

(*Hugo tire trois coups. Jessica se met à hurler. Slick et Georges entrent dans la pièce*)

HOEDERER: Imbécile. Tu as tout gâché.

SLICK: Salaud!

    (*Il tire son revolver*)

HOEDERER: Ne lui faites pas de mal. (*Il tombe dans un fauteuil*) Il a tiré par jalousie.

SLICK: Qu'est-ce que ça veut dire?

HOEDERER: Je couchais avec la petite. (*Un temps*) Ah! c'est trop con!*

    (*Il meurt*)

                  Rideau

SEPTIÈME TABLEAU

DANS LA CHAMBRE D'OLGA

SCÈNE UNIQUE

On entend d'abord leurs voix dans la nuit et puis la lumière se fait peu à peu.

OLGA: Est-ce que c'était vrai? Est-ce que tu l'as vraiment tué à cause de Jessica?

HUGO: Je . . . je l'ai tué parce que j'avais ouvert la porte. C'est tout ce que je sais. Si je n'avais pas ouvert cette porte . . . Il était là, il tenait Jessica dans ses bras, il avait du rouge à lèvres sur le menton. C'était trivial. Moi, je vivais depuis longtemps dans la tragédie. C'est pour sauver la tragédie que j'ai tiré.

OLGA: Est-ce que tu n'étais pas jaloux?

HUGO: Jaloux? Peut-être. Mais pas de Jessica.

OLGA: Regarde-moi et réponds-moi sincèrement car ce que je vais te demander a beaucoup d'importance. As-tu l'orgueil de ton acte? Est-ce que tu le revendiques? Le referais-tu, s'il était à refaire?

HUGO: Est-ce que je l'ai seulement fait? Ce n'est pas moi qui ai tué, c'est le hasard. Si j'avais ouvert la porte deux minutes plus tôt ou deux minutes plus tard, je ne les aurais pas surpris dans les bras l'un de l'autre, je n'aurais pas tiré. (*Un temps*) Je venais pour lui dire que j'acceptais son aide.

OLGA: Oui.

HUGO: Le hasard a tiré trois coups de feu, comme dans les mauvais romans policiers. Avec le hasard tu peux commencer les "si": "*si* j'étais resté un peu plus longtemps devant les châtaigniers, *si* j'avais poussé jusqu'au bout du jardin, *si* j'étais rentré dans le pavillon . . .' Mais moi. *Moi*, là-dedans, qu'est-ce que je deviens? C'est un assassinat sans assassin. (*Un temps*) Souvent, dans la prison, je me demandais: qu'est-ce qu'Olga me dirait, si elle était ici? Qu'est-ce qu'elle voudrait que je pense?

OLGA: (*sèchement*) Et alors?

HUGO: Oh, je sais très bien ce que tu m'aurais dit. Tu m'aurais dit: "Sois modeste, Hugo. Tes raisons, tes motifs, on s'en moque. Nous t'avions demandé de tuer cet homme et tu l'as tué. C'est le résultat qui compte." Je . . . je ne suis pas modeste, Olga. Je n'arrivais pas à séparer le meurtre de ses motifs.

OLGA: J'aime mieux ça.

HUGO: Comment, tu aimes mieux ça? C'est toi qui parles, Olga? Toi qui m'as toujours dit . . .

OLGA: Je t'expliquerai. Quelle heure est-il?

HUGO: (*regardant son bracelet-montre*) Minuit moins vingt.

OLGA: Bien. Nous avons le temps. Qu'est-ce que tu me disais? Que tu ne comprenais pas ton acte.

HUGO: Je crois plutôt que je le comprends trop. C'est une boîte qu'ouvrent toutes les clés. Tiens, je peux me dire tout aussi bien, si ça me chante, que j'ai tué par passion politique et que la fureur qui m'a pris, quand j'ai ouvert la porte, n'était que la petite secousse qui m'a facilité l'exécution.*

OLGA: (*le dévisageant avec inquiétude*) Tu crois, Hugo? Tu crois *vraiment* que tu as tiré pour de *bons* motifs?

HUGO: Olga, je crois tout. J'en suis à me demander si je l'ai tué pour de vrai.

OLGA: Pour de vrai?

HUGO: Si tout était une comédie?

OLGA: Tu as vraiment appuyé sur la gâchette.

HUGO: Oui. J'ai vraiment remué le doigt. Les acteurs aussi remuent les doigts, sur les planches. Tiens, regarde: je remue l'index, je te vise. (*Il la vise de la main droite, l'index replié*) C'est le même geste. Peut-être que ce n'est pas moi qui étais vrai. Peut-être c'était seulement la balle. Pourquoi souris-tu?

OLGA: Parce que tu me facilites beaucoup les choses.

HUGO: Je me trouvais trop jeune; j'ai voulu m'attacher un crime au cou, comme une pierre. Et j'avais peur qu'il ne soit lourd à supporter. Quelle erreur: il est léger, horriblement léger. Il ne pèse pas. Regarde-moi: j'ai vieilli, j'ai passé deux ans en taule, je me suis séparé de Jessica et je mènerai cette drôle de vie perplexe jusqu'à ce que les copains se chargent de me libérer. Tout ça vient de mon crime, non? Et pourtant il ne pèse pas, je ne le sens pas. Ni à mon cou, ni sur mes épaules, ni dans mon cœur. Il est devenu mon destin, comprends-tu, il gouverne ma vie du dehors mais je ne peux ni le voir, ni le toucher, il n'est pas à moi, c'est une maladie mortelle qui tue sans faire souffrir. Où est-il? Existe-t-il? J'ai tiré pourtant. La porte s'est ouverte . . . J'aimais Hoederer, Olga. Je l'aimais plus que je n'ai aimé personne au monde. J'aimais le voir et l'entendre, j'aimais ses mains et son visage et, quand j'étais avec lui, tous mes orages s'apaisaient. Ce n'est pas mon crime qui me tue, c'est sa mort. (*Un temps*) Enfin voilà. Rien n'est arrivé. Rien. J'ai passé dix jours à la campagne et deux ans en prison; je n'ai pas changé; je suis toujours aussi bavard. Les assassins devraient porter un signe distinctif. Un coquelicot à la boutonnière. (*Un temps*) Bon. Alors? Conclusion?

OLGA: Tu vas rentrer au Parti.

HUGO: Bon.

OLGA: A minuit, Louis et Charles doivent revenir pour t'abattre. Je ne leur ouvrirai pas. Je leur dirai que tu es récupérable.

HUGO: (*il rit*) Récupérable! Quel drôle de mot. Ça se dit des ordures, n'est-ce pas?*

OLGA: Tu es d'accord?

HUGO: Pourquoi pas?

OLGA: Demain tu recevras de nouvelles consignes.

HUGO: Bien.

OLGA: Ouf!

   (*Elle se laisse tomber sur une chaise*)

HUGO: Qu'est-ce que tu as?

OLGA: Je suis contente. (*Un temps*) Tu as parlé trois heures et j'ai eu peur tout le temps.

HUGO: Peur de quoi?

OLGA: De ce que je serais obligée de leur dire. Mais tout va bien. Tu reviendras parmi nous et tu vas faire du travail d'homme.

HUGO: Tu m'aideras comme autrefois?

OLGA: Oui, Hugo. Je t'aiderai.

HUGO: Je t'aime bien, Olga. Tu es restée la même. Si pure, si nette. C'est toi qui m'as appris la pureté.

OLGA: J'ai vieilli?

HUGO: Non.

(*Il lui prend la main*)

OLGA: J'ai pensé à toi tous les jours.

HUGO: Dis, Olga!

OLGA: Eh bien?

HUGO: Le colis, ce n'est pas toi?

OLGA: Quel colis?

HUGO: Les chocolats.

OLGA: Non. Ce n'est pas moi. Mais je savais qu'ils allaient l'envoyer.

HUGO: Et tu les as laissés faire?

OLGA: Oui.

HUGO: Mais qu'est-ce que tu pensais en toi-même?

OLGA: (*montrant ses cheveux*) Regarde.

HUGO: Qu'est-ce que c'est? Des cheveux blancs?

OLGA: Ils sont venus en une nuit. Tu ne me quitteras plus. Et s'il y a des coups durs, nous les supporterons ensemble.

HUGO: (*souriant*) Tu te rappelles: Raskolnikoff.

OLGA: (*sursautant*) Raskolnikoff?

HUGO: C'est le nom que tu m'avais choisi pour la clandestinité. Oh, Olga, tu ne te rappelles plus.

OLGA: Si. Je me rappelle.

HUGO: Je vais le reprendre.

OLGA: Non.

HUGO: Pourquoi? Je l'aimais bien. Tu disais qu'il m'allait comme un gant.

OLGA: Tu es trop connu sous ce nom-là.

HUGO: Connu? Par qui?

OLGA: (*soudain lasse*) Quelle heure est-il?

HUGO: Moins cinq.

OLGA: Écoute, Hugo. Et ne m'interromps pas. J'ai encore quelque chose à te dire. Presque rien. Il ne faut pas y attacher d'importance. Tu . . . tu seras étonné d'abord mais tu comprendras peu à peu.

HUGO: Oui?

OLGA: Je . . . je suis heureuse de ce que tu m'as dit, à propos de ton . . . de ton acte. Si tu en avais été fier ou simplement satisfait, ça t'aurait été plus difficile.

HUGO: Difficile? Difficile de quoi faire?

OLGA: De l'oublier.

HUGO: De l'oublier? Mais Olga . . .

OLGA: Hugo! Il faut que tu l'oublies. Je ne te demande pas grand'chose; tu l'as dit toi-même: tu ne sais ni ce que tu as fait ni pourquoi tu l'as fait. Tu n'es même pas sûr d'avoir tué Hoederer. Eh bien, tu es dans le bon chemin; il faut aller plus loin, voilà tout. Oublie-le; c'était un cauchemar. N'en parle plus jamais; même à moi. Ce type qui a tué Hoederer est mort. Il s'appelait Raskolnikoff; il a été empoisonné par des chocolats aux liqueurs. (*Elle lui caresse les cheveux*) Je te choisirai un autre nom.

HUGO: Qu'est-ce qui est arrivé, Olga? Qu'est-ce que vous avez fait?

OLGA: Le Parti a changé sa politique. (*Hugo la regarde fixement*) Ne me regarde pas comme ça. Essaye de comprendre. Quand nous t'avons envoyé chez Hoederer, les communications avec l'U.R.S.S. étaient interrompues. Nous devions choisir seuls notre ligne. Ne me regarde pas comme ça, Hugo! Ne me regarde pas comme ça.

HUGO: Après?

OLGA: Depuis, les liaisons sont rétablies. L'hiver dernier l'U.R.S.S. nous a fait savoir qu'elle souhaitait, pour des raisons purement militaires, que nous nous rapprochions du Régent.

HUGO: Et vous . . . vous avez obéi?

OLGA: Oui. Nous avons constitué un comité clandestin de six

membres avec les gens du gouvernement et ceux du Penta-gone.

HUGO: Six membres. Et vous avez trois voix?

OLGA: Oui. Comment le sais-tu?

HUGO: Une idée. Continue.

OLGA: Depuis ce moment les troupes ne se sont pratiquement plus mêlées des opérations. Nous avons peut-être économisé cent mille vies humaines. Seulement, du coup les Allemands ont envahi le pays.

HUGO: Parfait. Je suppose que les Soviets vous ont aussi fait entendre qu'ils ne souhaitaient pas donner le pouvoir au seul Parti Prolétarien; qu'ils auraient des ennuis avec les Alliés et que, d'ailleurs, vous seriez rapidement balayés par une insurrection?

OLGA: Mais . . .

HUGO: Il me semble que j'ai déjà entendu tout cela. Alors, Hoederer?

OLGA: Sa tentative était prématurée et il n'était pas l'homme qui convenait pour mener cette politique.

HUGO: Il fallait donc le tuer: c'est lumineux. Mais je suppose que vous avez réhabilité sa mémoire?

OLGA: Il fallait bien.

HUGO: Il aura sa statue à la fin de la guerre, il aura des rues* dans toutes nos villes et son nom dans les livres d'histoire. Ça me fait plaisir pour lui. Son assassin, qui est-ce que c'était? Un type aux gages de l'Allemagne?*

OLGA: Hugo . . .

HUGO: Réponds.

OLGA: Les camarades savaient que tu étais de chez nous. Ils n'ont jamais cru au crime passionnel. Alors on leur a expliqué . . . ce qu'on a pu.

HUGO: Vous avez menti aux camarades.

OLGA: Menti, non. Mais nous . . . nous sommes en guerre,

Hugo. On ne peut pas dire toute la vérité aux troupes.

(*Hugo éclate de rire*)

OLGA: Qu'est-ce que tu as! Hugo! Hugo!

(*Hugo se laisse tomber dans un fauteuil en riant aux larmes*)*

HUGO: Tout ce qu'il disait! Tout ce qu'il disait! C'est une farce.

OLGA: Hugo!

HUGO: Attends, Olga, laisse-moi rire. Il y a dix ans que je n'ai pas ri aussi fort. Voilà un crime embarrassant: personne n'en veut. Je ne sais pas pourquoi je l'ai fait et vous ne savez qu'en faire. (*Il la regarde*) Vous êtes pareils.

OLGA: Hugo, je t'en prie . . .

HUGO: Pareils. Hoederer, Louis, toi, vous êtes de la même espèce. De *la bonne* espèce. Celle des durs, des conquérants, des chefs. Il n'y a que moi qui me suis trompé de porte.

OLGA: Hugo, tu aimais Hoederer?

HUGO: Je crois que je ne l'ai jamais tant aimé qu'à cette minute.

OLGA: Alors il faut nous aider à poursuivre son œuvre. (*Il la regarde. Elle recule*) Hugo!

HUGO: (*doucement*) N'aie pas peur, Olga. Je ne te ferai pas de mal. Seulement il faut te taire. Une minute, juste une minute pour que je mette mes idées en ordre. Bon. Alors, moi, je suis récupérable. Parfait. Mais tout seul, tout nu, sans bagages. A la condition de changer de peau – et si je pouvais devenir amnésique, ça serait encore mieux. Le crime, on ne le récupère pas, hein? C'était une erreur sans importance. On le laisse où il est, dans la poubelle. Quant a moi, je change de nom dès demain, je m'appellerai Julien Sorel on Rastignac ou Muichkine* et je travaillerai la main dans la main avec les types du Pentagone.

OLGA: Je vais . . .

HUGO: Tais-toi, Olga. Je t'en supplie, ne dis pas un mot. (*Il réfléchit un moment*) C'est non.

OLGA: Quoi?

HUGO: C'est non. Je ne travaillerai pas avec vous.

OLGA: Hugo, tu n'as donc pas compris. Il vont venir avec leurs revolvers . . .

HUGO: Je sais. Ils sont même en retard.

OLGA: Tu ne vas pas te laisser tuer comme un chien. Tu ne vas pas accepter de mourir pour rien! Nous te ferons confiance, Hugo. Tu verras, tu seras pour de bon notre camarade, tu as fait tes preuves . . .

   (*Une auto. Bruit de moteur*)

HUGO: Les voilà.

OLGA: Hugo, ce serait criminel! Le Parti . . .

HUGO: Pas de grands mots, Olga. Il y a eu trop de grands mots dans cette histoire et ils ont fait beaucoup de mal. (*L'auto passe*) Ce n'est pas leur voiture. J'ai le temps de t'expliquer. Écoute: Je ne sais pas pourquoi j'ai tué Hoederer mais je sais pourquoi j'aurais dû le tuer: parce qu'il faisait de mauvaise politique,* parce qu'il mentait à ses camarades et parce qu'il risquait de pourrir le Parti. Si j'avais eu le courage de tirer quand j'étais seul avec lui dans le bureau, il serait mort à cause de cela et je pourrais penser à moi sans honte. J'ai honte de moi parce que je l'ai tué . . . après. Et vous, vous me demandez d'avoir encore plus honte et de décider que je l'ai tué pour rien. Olga, ce que je pensais sur la politique de Hoederer je continue à le penser. Quand j'étais en prison, je croyais que vous étiez d'accord avec moi et ça me soutenait; je sais à présent que je suis seul de mon opinion mais je ne changerai pas d'avis.

   (*Bruit de moteur*)

OLGA: Cette fois les voilà. Écoute, je ne peux pas . . . prends ce revolver, sors par la porte de ma chambre et tente ta chance.

HUGO: (*sans prendre le revolver*) Vous avez fait de Hoederer un grand homme. Mais je l'ai aimé plus que vous ne l'aimerez jamais. Si je reniais mon acte, il deviendrait un cadavre anonyme, un déchet du Parti. (*L'auto s'arrête*) Tué par hasard. Tué pour une femme.

OLGA: Va-t'en.

HUGO: Un type comme Hoederer ne meurt pas par hasard. Il meurt pour ses idées, pour sa politique; il est responsable de sa mort. Si je revendique mon crime devant tous, si je réclame mon nom de Raskolnikoff et si j'accepte de payer le prix qu'il faut, alors il aura eu la mort qui lui convient.

(*On frappe à la porte*)

OLGA: Hugo, je . . .

HUGO: (*marchant vers la porte*) Je n'ai pas encore tué Hoederer, Olga. Pas encore. C'est à présent que je vais le tuer, et moi avec.

(*On frappe de nouveau*)

OLGA: (*criant*) Allez-vous-en! Allez-vous-en!

(*Hugo ouvre la porte d'un coup de pied*)

HUGO: (*il crie*) Non récupérable.*

Rideau

NOTES TO THE TEXT

FIRST TABLEAU

Page

Scene 1

49 **Brouillage:** jamming. Here, of a foreign or underground radio station. Interfering with facts is thus introduced from the start.

50 **tête:** expression on your face.

52 **Je m'en doutais:** I thought as much.

54 **Je ne te le fais pas dire:** you don't need to tell me.

56 **La seconde photo m'a donné du fil à retordre:** The second photo had me flummoxed.

Scene 3

58 **récupérable:** worth salvaging, reemployable.
quand ça lui chantait: when he felt like it.

59 **Bien encadré:** if we keep a close check on him.

Scene 4

62 **elle se tient à peu près:** it holds together more or less.
tout fout le camp: everything falls apart.

SECOND TABLEAU

Scene 1

65 **Raskolnikoff:** Raskolnikov, the introspective and anguished young hero of Dostoevsky's novel, *Crime and Punishment*.

Tu parles d'un nom: there's a name and a half!

66 **Je ne dis pas:** OK, OK!

Scene 2

67 **On t'a dit pour le barrage:** They told you about the road-block?

Scene 3

67 **En cas de coup dur:** if things don't work out.

69 **Député du Landstag:** A *Landtag* (not *Landstag*) was one of the regional state parliaments in pre-Hitler Germany, dissolved in 1933. Here it denotes the Illyrian parliament.

Scene 4

70 **il emportera le morceau:** he'll have them all eating out of his hands.

se dégonfler: to cave in.

nous sommes aux premières loges: we've got front-row seats.

71 **anars:** short for *anarchistes*. The traditional undisciplined enemy, on the left, of the communists.

74 **faire le mouton:** I don't want to be a dogsbody. In leap-frog (*saute-mouton*), *le mouton* makes a back for the other players.

THIRD TABLEAU

76 **Un pavillon:** a lodge, in the grounds of a larger house.

Scene 1

76 **Il n'en finissait pas:** I thought he'd never stop.
78 **une cravate à pois:** a tie with a spotted design.
    comment il est fait: what he looks like.
80 **Malabar:** a district in India. The reference is to the Hindu custom of widows being burned on their husbands' funeral pyres.
81 **la femme d'intérieur:** the good housewife.
82 **Alors pouce:** a truce-word in children's games, 'barley' . . . **Pouce cassé:** barley over.
83 **ton cou de poulet:** your scraggy little neck . . . **une lavallière:** a large floppy bow.
85 **Le type a l'air coriace:** he looks a tough nut.

Scene 2

86 **un coup de main:** a helping hand.
    comment c'était bâti: we'd forgotten what shape they were.
87 **total:** result – he was found. . . .
    pour avoir sa suffisance à domicile: so that he'd get his oats at home.
    Ils sont à cheval sur le règlement: they go strictly by the book.
88 **Vous en reviendrez:** you'll get used to it.
    Vise-moi s'il est bien loqué: take a butcher's at his fancy gear!
    Méfiez-vous des placards, les murs sont cra-cra: a popular expression – don't be taken in by the cupboards, the walls are filthy.
    prenant son parti: resigning herself (to a long session).
89 **ça se blottit:** newlyweds cuddle up close.
    la chambre du vieux: the boss's room.

90   **s'il y avait du pet:** if there was any aggro.
     des armoires: hulking brutes.

91   **Il va y avoir du baroud:** there's going to be some rough
     stuff.

92   **c'est qu'on en avait marre de crever de faim:** it was
     because we were sick of starving.
     de quoi bouffer: enough to eat.
     assez de salades: a pun on the idea of eating – stop
     rabbiting on.

93   **ne veut pas se laisser faire:** isn't having any . . . **Oh, des
     boniments:** Oh, just some spiel. An answer to a ques-
     tion from the person he is phoning, no doubt asking
     what Hugo is saying.
     on a foutu à poil jusqu'au facteur: we made even the
     postman strip off . . . **Je lui rends mon tablier:** I'll hand
     in my cards. This expression stems from the custom of
     servants handing back their aprons to the employer
     when leaving the job.
     Il y passera ou c'est nous qu'on s'en va: he'll go
     through with it, or we'll be the ones to jack it in.
     des gueules de cognes: mugs like coppers.
     **si c'est qu'on est des cognes, des fois on pourrait se
     mettre à cogner:** a heavy-handed pun – if we're cop-
     pers, how would you like to cop this one?

Scene 3

94   **en venir aux mains:** come to blows.

95   **Question de peau:** it's a gut feeling. Hoederer then puns
     on *peaux* (human skins or animal pelts). He means such
     gut reactions have to be put aside, like coats left in a
     cloakroom.
     Vous êtes mal partis: you got off on the wrong foot.

96   **pour bouffer à votre faim:** to get enough to eat.
     Quand on la saute: when you cross over to the Party (la
     = *la barrière*).

97   **les phosphatines:** a patent food supplying extra vitamins,

for the boy who was *pâlot*. While it is obviously obscene to be forced to eat in a world where millions starve, Sartre always found extra (philosophical) reasons for regarding intake with disgust. He equated digestion with complacency. This culminated in his dyspeptic novel, *La Nausée*.

Une cuillerée pour le gardien qui est en chômage: Hugo is parodying the actual words of his parents quoted earlier in his speech.

98   **On ne le blaire pas:** he gets up our noses.
     Espèces de salauds: You bloody sods.

99   **On aura beau faire . . .:** it's no good, we just don't get on.
     mauvais cheval: you're not a bad sort.
     Marchons comme ça: that's OK by me.
     Histoire de marquer le coup: just to show where we stood. A metaphor from fencing, it refers to a feint at an opening, without actually completing the hit.

101 **camériste:** lady's maid.
     Tirez-vous: now clear off.

102 **Sans rancune:** no hard feelings.

Scene 4

105 **Vous faites des drôles de têtes:** You don't look well.
     Hegel, Marx: Georg Hegel – German philosopher (1770–1831) whose emphasis on the dialectical, competitive nature of thought influenced Karl Marx and Sartre himself (cf. Introduction p. 5). **Lorca:** Federico García Lorca, Spanish poet (1898–1936), shot by the Civil Guard in the Spanish Civil War. Hoederer's reading has been in political theory, not in imaginative literature.

104 **Tu devais te ronger:** you must have felt very frustrated.

106 **Un costume de velours:** These photos suggest that Hugo carries about with him a frozen past. This is his Peter Pan side, his fear of growing up. (Cf. *Les Mots*,

p. 16, the grandfather who loved photos and who 'raffolait de ces courts instants d'éternité où il devenait sa propre statue'.)

Tu toises ton monde comme un Napoléon: you size up the people around you like a little dictator.

Scene 5

107　**Le coup de la confiance:** the 'I have every confidence in you' line – that only works with men.
　　Et encore!: and not always then.

108　See the story 'Intimité' in *Le Mur* for a similar case of flirtatious 'frigidity'.
　　C'était pile ou face: It was a toss-up.

109　**pour l'abat . . .:** the unfinished word is *abattre*: to do him in.
　　dense: solid.

110　**Le revolver va partir!:** The revolver will go off! As for the pathological figure, Paul Hilbert, in the story 'Erostrate' in *Le Mur*, the gun for Hugo is a phallic extension or substitute. *Partir* is used also of the male orgasm. Hugo and Jessica need the artificial excitement of a dangerous game in order to become sexually excited.

FOURTH TABLEAU

Scene 1

112　**File!:** Scram!
　　Comme je m'ennuyais de toi: how I was longing for you.

113　**comme une odalisque:** like a woman in a harem, like a lady of leisure.
　　il faut que je te passe toutes tes humeurs: I have to put up with all your strange whims, just as if you were an expectant mother.

114 **sans les relier:** he doesn't join his letters up.

115 **Autant savoir qui on tue:** we might as well find out who we're killing.

117 **Et puis ça sent mon enfance:** and then the smell reminds me of my childhood. Jessica, too, though less thoroughly than Hugo, is still dictated to by her past.

Scene 2

118 **C'est mon petit frère:** Incest figures in *Les Séquestrés d'Altona*, and, as Sartre admits, in *Les Mots,* he has always found it the most fascinating of relationships.

119 **Allez, ouste:** Go on, hop it. Hoederer speaks to her as if she were a child.

Scene 3

120 **Des gens de ton monde:** People of your social background.
visé: a marked man.
Ils ont de la suite dans les idées: they never let up.
tubard: familiar for *tuberculeux* – have you got T.B.?

Scene 4

123 **Ça va comme ça:** That's OK, lads, scram!
un petit malheureux: a little wretch.

124 **un peu de rondeur:** a little frankness.

127 **Nous opérerons un remaniement . . .:** we'll carry out a reorganization and an amalgamation from the bottom level. The proposal is to merge the two underground parties into the *dispositif pentagonal*, the total forces of the Pentagone.
abroger les lois de 39 sur la presse . . .: to repeal the 1939 laws on the press, trade union solidarity, and the individual worker's right to seek work where he likes. All of these pre-war laws were repressive in Illyria,

which had been clearly well on the way to becoming a
fascist stage – hence the alliance with Nazi Germany.

128   **qui restait sur le carreau:** who didn't survive.

les Russes ont battu Paulus à Stalingrad: The defeat in
January 1943 of the encircled German Sixth Army
under General von Paulus at Stalingrad is often seen as
the turning-point of the war, at least on the Eastern
Front, the area of most immediate concern to Illyria.

129   **Vous aviez la partie belle:** you were on to a good thing.

des gages à Hitler: concessions to Hitler.

garantir votre petite combinaison: vouch for your little
scheme.

130   **Je n'ai pas qualité:** I am not empowered.

133   **nous n'en sommes pas à huit jours près:** we don't have
to decide in a week.

Scene 5

132   **Grenade ou pétard:** hand-grenade or bomb.

133   **Calté:** made off.

Scene 6

133   **nerveux:** on edge.

134   **je râle:** I'm furious.

Tu as de la bonté de reste: You're making too much
fuss about them. The danger is all in the day's work to
Slick and Georges.

une noisette . . .: a brain like a peanut, just like a
whale. For Hugo, the effect of shocks on the vast bulk
of Slick is no more than a tickle on a whale.

135   **et tu te casses le cul:** you bust a gut.

Déridé: smiling.

C'est une tête, hein?: Quite a brain, isn't she?

Je dois avoir quelque chose de travers dans la gueule:
my face must look twisted, or something.

Sans blague: go on! No joking.

Je l'ai à la bonne: I've got a liking for him.

136 **La gueule de tout le monde:** just an ordinary mug. For Hugo, an assassin should be a marked man, with a distinctive face. But, of course, Hugo is not yet an assassin, except in intention.

Ne vous cassez pas la tête: no need to rack your brains.

groin: snout.

des bûches: blockheads.

137 **Être ou ne pas être, hein?:** Hamlet's famous 'To be or not to be?' Hugo is clearly a down-market Hamlet.

Vous n'êtes pas cinglée: you must be mad to give him more to drink.

ça cause trop là-dedans: there's too much chatter going on in there – inside Hugo's confused head.

FIFTH TABLEAU

Scene 1

141 **Evidemment:** you're right, of course.

142 **Qu'est-ce que je tiens comme mal au crâne:** I've got a splitting headache.

144 **Les camarades . . .:** the comrades are not in this for laughs. You leave the Party feet first.

se faire buter comme une donneuse: to get yourself bumped off like a grass.

Scene 2

147 **Ils ont beau jeu:** It's easy for them.

149 **toutes les opinions se valent:** one opinion is as good as another.

150 **Je ne connais rien à vos histoires:** I'm not interested in your quarrels.

tu m'as mise dans le coup: you've involved me in it, too.

151 **chinois:** crafty.

Scene 3

152   **Il se fait un peu tirer l'oreille:** he needs a bit of persuading.

155   **dis-moi ce que tu as sur le coeur:** tell me what's on your mind.

      un maquignonnage: horse-trading.

157   **Le Parti bolchevique en a vu d'autres en 17:** the Bolshevik Party went through worse things in 1917–the year of the Russian Revolution.

      Pas d'histoires, pas de casse: without making any fuss or any aggro.

      portefeuilles: posts in the government.

158   **dédouaner:** to bail out.

      Je me fous des morts: I don't give a damn about the dead.

159   **pour leur bourrer le crâne:** to feed them lies.

160   **Est-ce que tu t'imagines qu'on puisse gouverner innocemment?:** A reference to the statement by the Revolutionary leader, Saint-Just, at the execution of Louis XVI: 'On ne peut régner innocemment.' No party in this play is *in* power; each is jockeying for it. Saint-Just was himself guillotined.

Scene 4

162   **Tu nous as flanqué la frousse:** you gave us a fright.

Scene 5

163   **Tu n'en menais pas large devant lui:** you looked uncomfortable with him.

      Peut-être qu'il l'aurait mis dans sa poche: perhaps he would have made mincemeat of him.

SIXTH TABLEAU

Scene 1

168 **hache d'abordage:** boarding axe.

Scene 2

170 **La gueule de bois?:** Hangover?
     Salement: yes, a filthy one.
     ta matinée: your morning off.
171 **nous connaissons la cuisine:** we know the tricks of the
     trade.
172 **Je suis de trop:** I'm the odd man out.
174 **C'est régulier:** That's fair enough.
     Qu'est-ce que ça peut vous faire . . .: You couldn't care
     less if I shot myself.
     Tu peux encore servir: you can still be of some use.
     On doit se sentir bien dans sa peau: you must feel good
     about yourself.
176 **Empêchez-le de se flanquer en l'air:** stop him from
     doing himself in.
     comme ça lui chante: as he likes.

Scene 3

176 **poison:** you little pest. Hoederer is still speaking to her
     as if she were a misbehaving child.
     romanesque: novelettish.
177 **il va au-devant des pires embêtements:** he has terrible
     trouble ahead of him.
     Si tu as du vague à l'âme: if you're sickening for love.
178 **pour de vrai:** I really love you.

Scene 4

179 **Il se foutait de moi:** He was making a fool of me.

je me fous de ce que vous avez dans la tête: I don't give a monkey's what's going on in your head.

180 **Ah? c'est trop con!:** Ah! it's too bloody stupid!

SEVENTH TABLEAU

183 **la petite secousse qui m'a facilité l'exécution:** the little jolt that made the job easier.

184 **ordures:** a pun – waste material, or (applied to people) shits.

187 **il aura des rues:** he'll have streets named after him.
Un type aux gages des Allemands?: Some guy in the pay of the Germans?

188 **en riant aux larmes:** laughing uncontrollably.
je m'appellerai Julien Sorel: the ambitious young hero of Stendhal's novel *Le Rouge et le Noir* executed at the end for the attemped murder of his· lover. . . . **Rastignac:** a likewise ambitious young man, who recurs in several of Balzac's novels. . . . **Muichkine:** Prince Myshkin, the unhappy hero of Dostoevsky's novel *The Idiot*, who eventually falls insane. None of these resembles Hugo as closely as Raskolnikov (see note to p. 65).

189 **parce qu'il faisait de mauvaise politique:** because he was pursuing the wrong policy.

190 **Non récupérable:** Hugo refuses to let Hoederer be *un déchet du parti* i.e. someone discarded, and refuses to be salvaged himself. His coming death and the 'real' murder of Hoederer he has just committed foreshadow the double death (by suicide) of father and son in *Les Séquestrés d'Altona*.

Printed in the United Kingdom
by Lightning Source UK Ltd.
130569UK00001B/4/A